Franz und Renate Steiner

SPIELIDEEN
FÜR ALLE TAGE

Bibliografische Information Der Deutschen Bibliothek
Die Deutsche Bibliothek verzeichnet diese Publikation in der Deutschen
Nationalbibliografie; detaillierte bibliografische Daten sind im Internet über
http://dnb.ddb.de abrufbar.

© VERITAS-VERLAG, Linz
Alle Rechte vorbehalten, insbesondere das Recht der Verbreitung (auch durch Film, Fernsehen, Internet, fotomechanische Wiedergabe, Bild-, Ton- und Datenträger jeder Art) oder der auszugsweise Nachdruck

1. Auflage (2008)
Gedruckt in Österreich auf umweltfreundlich hergestelltem Papier
Lektorat: Michaela Tröbinger-Lenzenweger, Zwettl/Rodl
Herstellung: Ingrid Zuckerstätter, Linz
Layout, Illustrationen, Umschlaggestaltung und Satz: Franz Steiner, Henndorf
Druck, Bindung: Grasl Druck & Neue Medien, Bad Vöslau

ISBN 978-3-7058-7911-9

Franz und Renate Steiner

SPIELIDEEN FÜR ALLE TAGE

Bewährte und neue Spiele
für Kindergarten, Hort und Schule

VERITAS

Liebe Leserinnen, liebe Leser!

Mit der vorliegenden Spielesammlung möchten wir Sie in das Reich der Spiele führen. Bei den ausgewählten Spielideen wird sowohl dem natürlichen Bewegungsdrang von Kindern als auch dem Bedürfnis nach Ruhe- und Entspannungsphasen Rechnung getragen.

Spielerisch können die Wahrnehmung, die Konzentration, das sprachliche Ausdrucksvermögen verbessert und die Geschicklichkeits- und Koordinationsfähigkeit gefördert werden.

Darüber hinaus beinhaltet das Buch vielfältige Anregungen, die zum aktiven Handeln motivieren und eigenständige kreative Spiel- und Lernprozesse der Kinder zulassen!

Auch das Rückbesinnen auf traditionelle Spiele, die von uns teilweise aktualisiert wurden, sind ein wesentlicher Bestandteil des Inhaltes, um Bewährtes und Erprobtes für die Zukunft zu erhalten. In erster Linie sind es aber Spiele, die vor allem Spaß und Lust auf gemeinsames Spielen machen, wodurch soziales Lernen in der Gruppe ermöglicht wird.

Unser neues Buch soll eine Fundgrube aus der Praxis, für die Praxis im Sinne einer ganzheitlichen Förderung der Kinder sein.

Spielen braucht Zeit! Wir wünschen Ihnen daher, dass Sie genügend Zeit finden, um sich von unseren Spielideen für alle Tage zu gemeinsamen Aktivitäten inspirieren zu lassen. Fröhliche Stunden mit Kindern sind immer Ausdruck positiver Lebensgestaltung und festigen das Gefühl herzlicher Zusammengehörigkeit, was Klein und Groß den Alltag mit Esprit und Kraft besser meistern lässt!

Renate und Franz Steiner

Inhaltsverzeichnis

Vorwort
    Liebe Leserinnen, liebe Leser! 5

1. Kapitel

Fingerspiele
    Wozu Fingerspiele? 13

Erstes Spielen mit den Fingern ●

    Entdeckungsreise *(Berührungsspiel)* 14
    Fingergymnastik *(Fingerspiel)* 14
    Eine große Familie *(Fingerspiel)* 15
    Sind die Finger noch so klein *(Fingerspiel)* 15
    Komm, wir zählen *(Fingerspiel)* 16
    Fünf kleine Gespenster *(Fingerspiel)* 16

Spielen mit den Händen ●

    Mein kleines Haus *(Hand-/Spielgeschichte)* 17
    So ein Regenwetter! *(Hand-/Spielgeschichte)* 17
    Was höre ich da? *(Hand-/Spielgeschichte)* 18
    Steigt ein Kind auf einen Baum *(Hand-/Spielgeschichte)* 18
    Zwei Hampelmänner *(Hand-/Spielgeschichte)* 19
    Katz und Maus *(Hand-/Spielgeschichte)* 19
    Zwei Tauben auf einem Dach *(Hand-/Spielgeschichte)* 20
    Eine kleine Schnecke *(Hand-/Spielgeschichte)* 20
    Zehn kleine Zappelzwerge *(Fingerspiel/Fußbewegungsspiel)* 21

Die Finger spielen Theater ●

    Kleine Zündholzschachtelbühne *(Bastelidee)* 22
    Wer guckt heraus? *(Fingerspiel)* 22
    Flupp-di-wupp, der kleine Zwerg *(Handpuppen-Theater)* 23
    Zirkus Kunterbunt *(Finger-Theater)* 23
    Kasperltheater aus Briefkuvert *(Bastelidee)* 24
    Mein Kasperlhaus *(Finger-Theater)* 24

Klatschen und spielen zu zweit ●

    A, B, C *(Klatschspiel)* 25
    Scheren schleifen *(Klatschspiel)* 26
    Im Wald *(Silben-Klatschspiel)* 27
    Rasbandri *(Silben-Klatschspiel)* 27
    Das ist der Garten *(Kettengeschichte)* 28
    Pinkepank *(Spruch/Ratespiel)* 28
    Kaffee reiben *(Spruch/Tischspiel)* 29
    Auf zum Arzt *(Scherzspiel)* 29
    Fußballtor *(Scherzspiel)* 30
    Autofahren *(Scherzspiel)* 30

2. Kapitel
Sprachspiele

Wozu Sprachspiele?	31

Reim- und Ratespiele ●

Eine kleine Mickymaus *(Auszählreim)*	32
Ameisen krabbeln *(Kinderreimspiel)*	32
Plitsch und Platsch *(Fußbewegungsspiel)*	32
Meine kleine Katze *(Mal- und Reimspiel)*	33
Reim-Flüsterreise *(Lauschspiel)*	33
Jeder muss arbeiten *(Ratespiel)*	34
Wer kann das Tier erraten? *(Reimgeschichte)*	34
Alles verdreht *(Lügen-Reimgeschichte)*	34
Reife Zwetschken *(Spruch/Koordinationsübung)*	35
Ich habe einen Schnüffelhund *(Singspiel)*	36
Sage ich: Wau *(Gedicht)*	37
Palatschinken *(Spruch/Tischspiel)*	37

Silbenspiele ●

Auf dem bi-ba-bun-ten Berge *(Auszählreim)*	38
Silben-Baustelle *(Gruppenspiel)*	38
Flaschendrehen *(Frage-Antwortspiel)*	39
Rücken rubbeln *(Silbenspruch/Kontaktspiel)*	39
Der Zauberer Kalim *(Silbenspruch/Bewegungsspiel)*	40
Was gibt es heute zu essen? *(Silbenhüpfen/Wettspiel)*	40

Spiele mit Wörtern und Sätzen ●

Wörter-Schatzkiste *(Ratespiel)*	41
Wörter-Eisenbahn *(Wahrnehmungsspiel)*	41
Wer weiß, was fehlt? *(Sprachspiel)*	42
Löffelkönig *(Geschichte/Reaktionsspiel)*	42
Satz-Erfinder *(Spruch/Reaktionsspiel)*	42
Die Minutenrede *(Geschichte)*	43
Kettengeschichte erzählen *(Sprachspiel)*	43

Lautspiele ●

Der blinde Mann im Zauberwald *(Akustisches Wahrnehmungsspiel)*	44
Die geheimnisvolle Laut-Allee *(Akustisches Differenzierungsspiel)*	44
Wer oder was? *(Frage-Antwortspiel)*	45
Lustige Stolpersätze *(Zungenbrecher)*	45
Namen-Dominospiel *(Akustisches Wahrnehmungsspiel)*	46
Der sprechende Roboter *(Rate-/Lesespiel)*	46

Inhaltsverzeichnis

3. Kapitel
Sing- und Tanzspiele

Wozu Sing- und Tanzspiele? 47

Kreisspiele ●

Leis, leis, leis *(Lied/Kreisspiel)* 48
Zwei Mäuse laufen um das Haus *(Kreisspiel)* 49
Der Kasperl will spazieren gehn *(Kreis-/Anhängespiel)* 50
Rumpumpel macht eine Landpartie *(Kreis-/Anhängespiel)* 51
Der kleine Mucki-Tucki-Zwerg *(Kreis-/Anhängespiel)* 52
Guten Morgen *(Kreisspiel)* 53
Viele, viele Farben *(Kreisspiel/Farbentanz)* 54

Spiellieder ●

Heute ist ein Festkonzert *(Spiellied)* 55
Mein Luftballon *(Spiellied)* 56
Wir machen gerne Hausmusik *(Spiellied)* 57
Bimpel-Bampel-Hampelmann *(Spiellied/Tanztheater)* 58
Wobu-Dobu-Klirre-Klax *(Spiellied)* 59
Regentropfen klopfen, klopfen *(Spiellied/Rückenmassage)* 60
Der kleine lustige Mann *(Spiellied)* 62
Der braune Teddybär *(Spiellied)* 63
Der Ententanz *(Spiellied)* 64

Tänze ●

Alle wollen fröhlich sein *(Tanz)* 65
Kommt, macht mit *(Tanz)* 66
Popolino, ja so heißt der Wackeltanz *(Tanz)* 67
Patsch-klatsch-Tanz *(Tanz/Klatschspiel)* 68
Wie ein Blatt im Wind *(Meditativer Tanz)* 69
Hand in Hand *(Meditativer Kreistanz)* 70

4. Kapitel
Wahrnehmungsspiele

Wozu Wahrnehmungsspiele? 71

Sehen ●

Der Suchtrupp kommt! *(Gruppenspiel)* 72
Heute ist Modeschau *(Gruppenspiel)* 72
Schuhkönig *(Optisches Wahrnehmungsspiel/Wettspiel)* 72
Maulwurf, komm heraus! *(Gruppenspiel)* 73
Der kleine Dirigent *(Gruppenspiel mit Instrumenten)* 73
Zwei lustige Affen *(Optisches Wahrnehmungsspiel)* 74
Rastplätze aufsuchen *(Gruppenspiel)* 74
Bewegungs-Memory *(Gruppenspiel)* 74

Wer ist der Sportlehrer? *(Pantomime)* 75
Streichholzbild legen *(Optisches Wahrnehmungsspiel/Tischspiel)* 75
Schultasche packen *(Gruppenspiel)* 76
Namensreportage *(Kennenlernspiel)* 76

Hören ●

Rätselhafte Zeitungsgeräusche *(Ratespiel)* 77
Wir hören Radio *(Akustisches Wahrnehmungsspiel/Ratespiel)* 77
Minka! *(Akustisches Wahrnehmungsspiel/Lauschspiel)* 78
Der Zauberer Krabumm *(Akustisches Wahrnehmungsspiel)* 78
Unser Kindergarten *(Akustisches Wahrnehmungsspiel)* 78
Das Gespenst geht um *(Gruppenspiel)* 79
Händeklopfen *(Akustisches Wahrnehmungsspiel/Reaktionsspiel)* 79
Für wen soll ich kochen? *(Ratespiel)* 79
Klingender Garten *(Akustisches Wahrnehmungsspiel)* 80

Riechen ●

Duftende Schmusepuppe *(Bastelidee)* 80
Riechkugel-Memoryspiel *(Bastelidee/Spiel)* 81
Schnüffelnase *(Riech-Quiz)* 81
Das Parfum auf deiner Hand *(Riechspiel)* 81
Riecht wirklich alles gut? *(Riechspiel)* 82
Wer kennt viele Gerüche? *(Riechspiel)* 82

Schmecken ●

Der größte Feinspitz *(Geschmacks-Kimspiel)* 83
Was isst du, kleine Naschkatze? *(Geschmacks-Kimspiel)* 84
Limonaden-Gourmet *(Geschmacks-Kimspiel)* 84
Getränke-Lotto *(Geschmacks-Kimspiel)* 84

Tasten und fühlen ●

Rühre, rühre, klopf, klopf, klopf *(Tastspiel)* 85
Schatzsuche *(Tastspiel)* 85
Entdeckungsreise *(Tastspiel)* 85
Packesel *(Tastspiel)* 86
Zeichenkopie weitergeben *(Fühlspiel)* 86
Das geheime Versteck *(Tastspiel)* 87
Tastkette *(Tastspiel)* 87
Das künstlerische Duplikat *(Tastspiel)* 87
Vögel auf dem Dach *(Fühlspiel)* 88
Roboter *(Fühlspiel)* 88
Wie wird das Wetter? *(Fühlspiel)* 88

5. Kapitel
Phänomenale Spiele

Wozu phänomenale Spiele? 89

Optische Phänomene

Farbkreisel aus Bieruntersatz *(Bastelidee/Geschicklichkeitsspiel)* 90
Nei-Nei *(Bastelidee/Geschicklichkeitsspiel)* 91
Taschenlampen, die bunt leuchten *(Bastelidee/Reaktionsspiel)* 91
Einfaches Papierkino *(Bastelidee/Trödelspiel)* 92

Akustische Phänomene

Telefon aus Joghurtbechern *(Bastelidee)* 93
Klang-Windspiel *(Bastelidee/Raumdekoration)* 94
Kamm-Blaskonzert *(Bastelidee)* 95
Glasorgel *(Klangexperiment)* 95
Zwitscherdose *(Bastelidee)* 96
Regenstab *(Bastelidee/Rhythmikbehelf)* 96

Mechanisch-technische Phänomene

Stehaufmännchen *(Bastelidee/Trödelspielzeug)* 97
Tütenkasperl *(Bastelidee/Kinderspielzeug)* 98
Hampelmann *(Bastelidee/Kinderspielzeug)* 98
Pickender Vogel *(Bastelidee/Trödelspiel)* 99
Kugelbahn *(Bastelidee/Trödelspiel)* 99
Rollende Murmel *(Konzentrations-/Geschicklichkeitsspiel)* 100
Sanduhr *(Bastelidee/Rieselspiel)* 100
Wetterprognose erstellen *(Bastelidee/Ratespiel)* 101

Phänomene, die durch Wasser und Luft entstehen

Faszinierende Schüttelgläser *(Bastelidee/Trödelspiel)* 102
Chinesische Wasseruhr *(Bastelidee/Wasserspielzeug)* 102
Hui-Heulschlauch *(Bastelidee/Windspielzeug)* 103
Windrolle *(Bastelidee/Windspielzeug)* 103
Tanzende Folienschlange *(Bastelidee/Mobile)* 104

6. Kapitel
Bewegungsspiele

Wozu Bewegungsspiele? 105

Lauf- und Fangspiele

Gemüsegarten *(Laufspiel)* 106
Gib Acht, die Biene sticht! *(Aggressionsspiel)* 106
Tausendfüßlerlauf *(Wettlauf)* 107
Der schnelle Fuchs *(Tobespiel)* 107
Die gefährliche Schlange *(Reaktionsspiel)* 108
Miau, miau, die Katze kommt! *(Tobespiel)* 108

Fischer, wie viele Fische hast du im Netz? *(Fangspiel)* 108
Hasenjagd *(Reaktionsspiel)* 109
Durch die Brücke ziehen wir *(Reaktionsspiel)* 109
Sitzfangen *(Geschicklichkeitsspiel)* 110

Ballspiele ●

Aufgepasst, wo ist der Ball? *(Reaktionsspiel)* 110
Luftballon fangen *(Geschicklichkeitsspiel)* 111
Wilde Kerle *(Tobe-/Wettspiel)* 111
Sitzfußball *(Reaktionsspiel)* 112
Ballschule *(Geschicklichkeitsspiel)* 112
Saal ausräumen *(Reaktionsspiel)* 112

Kraft- und Mutspiele ●

Weg von der Matte! *(Partnerspiel)* 113
Schlafender Faulpelz *(Partnerspiel)* 113
Büffelreiten *(Partnerspiel)* 113
Balldieb *(Partnerspiel)* 114
Stechmücken totschlagen *(Partnerspiel)* 114
Riesenschildkröten fangen *(Gruppenspiel)* 114
Achtung Mausefalle! *(Partner-/Gruppenspiel)* 114
Wilder Tiger im Käfig *(Gruppenspiel)* 115
Bärenstarke Bärenkinder *(Gruppenspiel)* 115
Bergrettung *(Partnerspiel)* 116
Der fliegende Pilot *(Gruppenspiel)* 116

Hüpf- und Seilspiele ●

Hexe, Hexe, schnell herbei! *(Geschicklichkeitsspiel)* 117
Henriette *(Wetthüpfen)* 117
Sprungkarussell *(Reaktionsspiel)* 118
Der Ziegenbock *(Gummihüpfen)* 118
Uhrzeit hüpfen *(Hüpfspiel)* 119

Kooperative Gruppenspiele ●

Gemeinsam an einem Strang ziehen *(Erlebnispädagogik)* 119
Dialog ohne Worte *(Erlebnispädagogik/Gruppenspiel)* 120
Was verbirgt sich darunter? *(Erlebnispädagogik/Gruppenspiel)* ... 121
Gordischer Knoten *(Erlebnispädagogik/Gruppenspiel)* 121
Natur pur *(Erlebnispädagogik/Gruppenspiel)* 122
Schoßsitzkreis *(Erlebnispädagogik/Gruppenspiel)* 123
Denkmal bauen *(Erlebnispädagogik/Gruppenspiel)* 123
Bremer Stadtmusikanten *(Erlebnispädagogik/Gruppenspiel)* 123
Blindenpolka *(Erlebnispädagogik/Gruppenspiel)* 124
Die Welle *(Erlebnispädagogik/Gruppenspiel)* 124

7. Kapitel
Entspannungsspiele

Wozu Entspannungsspiele? 125

Spielimpulse mit gezielten Atemübungen

Der Luftballon *(Spruch/Atemübung)* 126
Rauschende Bäume *(Atemübung)* 126
Die summenden Bienen *(Atemübung)* 127
Der lange Vokal *(Vokal-Atmung)* 127
Wie spät ist es? *(Atemübung)* 128
Luftbild mit Nase skizzieren *(Atemübung)* 128

Gähnen oder Lachen

Der müde Löwe *(Gedicht)* 129
Wer lacht am längsten? *(Entspannungsspiel)* 130
Armer Froschkönig *(Lustiges Gesellschaftsspiel)* 130
Lachen verboten! *(Lustiges Gesellschaftsspiel)* 130
Lachkanon *(Lustiges Gesellschaftsspiel)* 131

Übungen zur Mobilisierung

Guten Morgen! *(Spruch/Muntermacher-Spiel)* 131
In der Früh *(Bewegungsgeschichte)* 132
Überkreuz-Hüpfspiel *(Spruch/Brain-Gym-Übung)* 133
Wer darf tanzen? *(Spruch/Bewegungsspiel)* 133
Mit meiner Nasenspitze *(Gedicht/Entspannungsspiel)* 134
„Achterbahn" *(Spruch/Brain-Gym-Übung)* 135
Body-Percussion *(Bewegungsimpulse)* 136
Mach mit! *(Spruch/Rückenmuskulatur entspannen/stärken)* 136

Massagespiele

Do-it-yourself *(Spruch/Eigenmassage)* 137
„Apfelstrudel-Massage" *(Partner-Massagespiel)* 138
„Ball-Massage" *(Spruch/Partnermassage-Spiel)* 139
„Regen-Massage" *(Spruch/Partnermassage-Spiel)* 139

Mentales Entspannen

Gönn dir eine Verschnaufpause! *(Körperreise/Atemübung)* 140
Zeit haben *(Meditationstext/Fantasiereise)* 141
Auf einer Wolke *(Fantasiereise/Farbtherapie)* 142
Das Labyrinth *(Gestaltungsidee/Stilleübung)* 143

AutorInnenporträt

Renate und Franz Steiner 144

Fingerspiele

- Erstes Spielen mit den Fingern
- Spielen mit den Händen
- Die Finger spielen Theater
- Klatschen und Spielen zu zweit

1. Kapitel

Wozu Fingerspiele?

Fingerspiele wecken die Freude am Sprechen und fordern zum Mitmachen auf. Diese ersten vergnüglichen Spielaktionen zwischen Erwachsenen und Kleinkindern lösen sogar schon beim Säugling Sinnesreize aus, die die Reifung des Gehirns sowie die körperliche und geistige Entwicklung anregen. Darüber hinaus erweitern sie den Wortschatz und schulen auf spielerische Weise das Merkvermögen. Parallel dazu wird auch die Fingergeschicklichkeit sowie die Feinmotorik gefördert. Viele dieser beliebten Spiele begleiten Kinder über Jahre hinweg und haben schon seit Langem Tradition.

1 Erstes Spielen mit den Fingern

Entdeckungsreise
(Berührungsspiel)

Renate Steiner

.... Körperteile finden und benennen

Wenn die beiden Finger
auf Entdeckungsreise gehn,
bleiben sie ganz plötzlich
auf deiner Nasenspitze stehn.
Und sie trippeln und sie trappeln,
und sie kribbeln und sie krabbeln –
1, 2, 3, alles ist vorbei –
im Nu.

Anleitung

Bewegungen mit der Hand dazupassend am eigenen Körper ausführen. Beliebig oft mit anderen Körperteilen (Kopf, Wange, Ohr, Schulter, Rücken, Bauch, Knie, Ferse usw.) wiederholen oder die Entdeckungsreise der Finger auf einem Spielpartner durchführen.

Fingergymnastik
(Fingerspiel)

Renate Steiner

.... Hören und Spielen

Daumen, verneig dich.
Zeigefinger, streck dich.
Mittelfinger, bück dich.
Ringfinger, dreh dich.
Und der kleine Finger,
der rollt sich ganz fest ein,
er möchte noch schlafen, oh, wie fein!

Anleitung

Den genannten Finger hochstrecken und die zum Text passenden Bewegungen ausführen.

.... Erstes Spielen mit den Fingern ....

Eine große Familie
(Fingerspiel)

mündlich überliefert

.... Zuordnen von Begriffen

Das ist der Vater mit dem Hut,
das ist die Mutter, der geht es gut!
Das ist der Bruder, stark und groß,
das ist die Schwester, mit der Puppe auf dem Schoß.
Das ist das Baby, es ist noch sehr klein,
ja, das soll die ganze Familie sein.

Anleitung

Das Spiel mit dem Daumen beginnen und die Finger nacheinander ausstrecken, zum Schluss die ganze Hand zeigen und dabei hin und her drehen.

Weiterführende Idee

Ein Stück Papiertaschentuch ein wenig anfeuchten und über den Finger stülpen. Die so entstandene Fingerkappe vorsichtig herunterschieben, etwas trocknen lassen. Darauf ein Gesicht zeichnen und bunt bemalen. Im Nu sind mehrere solcher Fingerpuppen angefertigt, die zum Spielen einladen.

Sind die Finger noch so klein
(Fingerspiel)

mündlich überliefert

.... Fingermotorik – Hören und Verstehen

Sind die Finger noch so klein –
folgsam müssen sie doch sein,
wenn ich sage: „Legt euch nieder",
oder: „Jetzt erhebt euch wieder.
Nun sollt ihr spazieren gehn,
oder jetzt ganz stille stehn.
Ihr sollt winken, drohen, zeigen,
und zuletzt auch Stiegen steigen."
Nun sind sie müde und schlafen fest,
so wie die Vögel in ihrem Nest.

Anleitung

Zum Text passend die Bewegungen mit den Fingern ausführen. Am Schluss eine Faust bilden, diese in die andere Hand (Nest) legen.

.... Erstes Spielen mit den Fingern ....

1 Komm, wir zählen
(Fingerspiel)

Renate Steiner

.... Zählen von eins bis fünf

Zum Daumen sag ich eins,
zum Zeigefinger zwei,
zum Mittelfinger drei,
zum Ringfinger vier,
zum kleinen Finger fünf.
Voll Freude winken sie allen zu
und rufen dabei: „Juchu, juchu!"

*1   2
 3
    4
 5*

Anleitung

Das Spiel mit dem Daumen beginnen und die Finger nacheinander ausstrecken. Danach mit der Hand winken.

Fünf kleine Gespenster
(Fingerspiel)

mündlich überliefert

.... Selbstlaute bilden – Fantasie fördern

Fünf kleine Gespenster
hocken vor dem Fenster.
Das Erste ruft: „Haaa!"
Das Zweite ruft: „Heee!"
Das Dritte ruft: „Hiiii!"
Das Vierte ruft: „Hooo!"
Das Fünfte ruft: „Huuu!"
Sie streicheln deine Hand ganz fein
und fragen: „Wollen wir Freunde sein?"

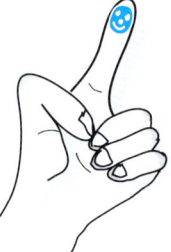

Anleitung

Das Spiel mit dem Daumen beginnen und die Finger nacheinander ausstrecken. Am Schluss mit dem Finger einem anderen Kind die Hand streicheln. Besonders lustig ist es, wenn man zuvor kleine Gespenstergesichter auf die Finger malt.

Der heiße Tipp

Diese einfachen rhythmischen Verse sind bereits für die Kleinsten eine Zuwendung der besonderen Art. Das liebevolle Ansprechen, die zärtlichen Berührungsreize der Haut, der intensive Augenkontakt, das Lauschen auf die Stimme, all das sind wichtige Grunderfahrungen, die entwicklungsfördernd wirken, Kinder für ihr weiteres Leben emotional positiv prägen und ihr Urvertrauen stärken.

Spielen mit den Händen

Mein kleines Haus
(Hand-/Spielgeschichte)

mündlich überliefert

.... Sprechen und Spielen – Pustespiel

Mein Häuschen ist nicht gerade,
ist das aber schade!
Mein Häuschen ist ein bisschen krumm,
ist das aber dumm!
Da bläst ein starker Wind hinein,   *... fest blasen*
krach – bumm, da fällt das ganze Häuschen um!

Anleitung
Beide Hände bilden ein Hausdach, das sich einmal nach rechts und nach links neigt. Durch den Mund fest ausblasen und den Wind imitieren. Mit einem Händeklatschen fällt das Haus zusammen.

So ein Regenwetter!
(Hand-/Spielgeschichte)

mündlich überliefert

.... Nachahmen der Natur

Heute ist ein Regenwetter,   *... mit den Fingern auf den Tisch klopfen*
die Blumen schließen ihre Blütenblätter,   *... beide Handflächen schließen*
sie lassen ihre Köpfe hängen   *... Handflächen nach unten neigen*

und lauschen den sanften Regenklängen.   *... wieder klopfen*
Sie wachen erst wieder auf,
wenn die Sonne kommt herauf.   *... eine Hand geht langsam in die Höhe*
Jetzt scheint die Sonne wunderbar,   *... Finger der Hand spreizen*
alle freuen sich und rufen: „Hurra!"

Anleitung

Bewegungen zum Text passend ausführen.
Zuvor eine Sonne auf die Handfläche malen.

Was höre ich da?

Renate Steiner

(Hand-/Spielgeschichte)

.... Koordination beider Hände

Daumen: „Ich höre Regentropfen!"
Zeigefinger: „Ich höre jemand an die Türe klopfen!"
Mittelfinger: „Ich höre lautes Pferdetraben!"
Ringfinger: „Ich höre etwas unterm Sessel schaben!"
Kleiner Finger: „Ich höre das Piepsen einer Maus!"
Da laufen alle blitzschnell nach Haus!

Anleitung

Die Finger einer Hand der Reihe nach hochstrecken. Mit der anderen Hand
zum Text passend die jeweiligen Geräusche erzeugen.

Steigt ein Kind auf einen Baum

mündlich überliefert

(Hand-/Spielgeschichte)

.... Sprechen und Spielen

Steigt ein Kind auf einen Baum,   *... Zeige- und Mittelfinger klettern den*
ei, so hoch, man sieht es kaum.   *anderen Arm bis zur Hand empor*
Hüpft von Ast zu Ästchen,   *... von einem Finger zum anderen springen*
guckt ins Vogelnestchen.   *... mit beiden Händen ein Nest bilden*
Hui, da lacht es,   *... einmal klatschen*
bums, da kracht es,   *... einmal auf Oberschenkel patschen*
plumps, da liegt es unten.   *... einmal auf den Boden klatschen*

Anleitung

Ein Arm stellt den Baum dar. Zum Text passend die Bewegungen darstellen.

.... Spielen mit den Händen ....

Zwei Hampelmänner
(Hand-/Spielgeschichte)

mündlich überliefert

.... Sprechen und Spielen

Zwei Hampelmänner aus einem Sack,	... beide Daumen hochstrecken
der eine heißt Schnick, der andere heißt Schnack.	
Schnick trägt eine Mütze	... Hände stellen eine Zipfelmütze dar
und Schnack hat einen Kranz,	...Hände zeigen einen Kranz
so gehen beide zum lustigen Tanz.	... Hände klopfen auf Oberschenkel
Sie tanzen so manierlich,	... Finger tanzen auf Oberschenkel
mit kleinen Schritten so zierlich.	
Müde gehen Schnick und Schnack	... beide Daumen hochstrecken
wieder zurück in ihren Sack.	... rechter Daumen versteckt sich in linker
Dort schlafen sie sich ganz fest aus,	Achselhöhle, linker Daumen in rechter
jetzt ist die Geschichte aus.	

Anleitung

Zum Text passend die Bewegungen darstellen.

Katz und Maus
(Hand-/Spielgeschichte)

mündlich überliefert

.... Nachahmen der Tierwelt – Spannung erleben

Kommt, wir spielen Katz und Maus:	
Die linke Hand, die ist die Maus,	... linke Hand trippelt am Oberschenkel
die rechte Hand, die ist die Katze.	... Zeigefinger und kleinen Finger der rechten Hand hochstrecken
Sie schleicht mit ihren weichen Tatzen	... abwechselnd beide Hände sanft auf Oberschenkel legen
um des Mäuschens Haus.	... Hände bilden ein Hausdach
Und da kommt mit einem Satze	... Hände springen gleichzeitig auf die Knie
die große alte Miezekatze	... Zeigefinger und kleinen Finger der rechten Hand hochstrecken,
auf das Mäuschen zu –	so nähert sich die Hand der Maus an
und verspeist es im Nu.	... rechte Hand schnappt die linke Hand

Anleitung

Zum Text passend die Bewegungen darstellen. Um das Spiel abwechslungsreich zu gestalten, auf die Hand mit bunten Schminkstiften ein Katzengesicht aufzeichnen.

Zwei Tauben auf einem Dach

mündlich überliefert

(Hand-/Spielgeschichte)

.... Sprechen und Spielen

Es sitzen zwei Tauben auf einem Dach,
die eine fliegt fort,
die andere nach.
Die eine kommt wieder,
die andere kommt nach.
Nun sitzen sie wieder vergnügt auf dem Dach.

Anleitung

Rechte Hand auf rechte Schulter legen, linke Hand auf linke Schulter. Zuerst einen Arm ausstrecken, danach den anderen. Die eine Hand kommt wieder zurück auf die Schulter, danach die andere.

Eine kleine Schnecke

mündlich überliefert

(Hand-/Spielgeschichte)

.... Sprechen und Spielen

Im Garten gibt es eine Schnecke,
sie kommt ganz langsam nur vom Flecke.
Sie hat ihre Fühler ausgestreckt,
oje, jetzt hat sie mich entdeckt!
Schnell zieht sie ihre Fühler ein
und kriecht in ihr Schneckenhaus hinein.

Anleitung

Mit einer Hand eine Faust bilden, Zeige- und Mittelfinger als Fühler hochstrecken. Langsam über den Arm oder Tisch kriechen lassen. Zum Schluss der Geschichte wieder eine Faust bilden, diese mit der anderen Hand bedecken.

.... Spielen mit den Händen ....

Zehn kleine Zappelzwerge
(Fingerspiel/Fußbewegungsspiel)

mündlich überliefert

.... Koordination beider Hände oder Füße

Zehn kleine Zappelzwerge
zappeln hin und her,
zehn kleinen Zappelzwergen
fällt das gar nicht schwer.
Zehn kleine Zappelzwerge
zappeln auf und nieder,
zehn kleine Zappelzwerge
tun das immer wieder.
Zehn kleine Zappelzwerge
zappeln rundherum,
zehn kleine Zappelzwerge
finden das gar nicht dumm.
Zehn kleine Zappelzwerge
spielen einmal Versteck,
zehn kleine Zappelzwerge
sind auf einmal weg.

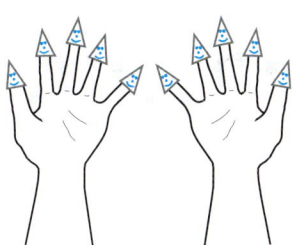

Anleitung

Alle Finger oder alle Zehen spielen die Zappelzwerge und führen zum Text passend die Bewegungen aus. Wird der Vers mit den Füßen gespielt, muss man dabei auf einem Sessel sitzen. Zum Verstecken die Hände hinter den Rücken geben, die Füße unterhalb der Sitzfläche des Sessels hochziehen.

Der heiße Tipp

Vorschulkinder sind fasziniert vom lustbetonten Spielen mit den Fingern und wiederholen die Reime selber gerne immer wieder und wieder. Damit wird der Grundstein für eine gezielte Sprachförderung gelegt. Zuhören, selber sprechen und spielen macht Kindern Spaß und fördert den gemeinsamen Dialog.

1 Die Finger spielen Theater

Kleine Zündholzschachtelbühne
(Bastelidee)

.... Feinmotorik schulen – Dialog führen

Material

leere Streichholzschachtel, Schminkstifte, Malfarben, Schere

Anleitung

Je nach Größe des Fingers etwa ein Drittel einer Streichholzschachtel wegschneiden. Die Streichholzschachtel beliebig bunt bemalen. Bei der offenen Seite den Finger ausgestreckt hineinlegen. Durch das Auf- und Abschieben des äußeren Schachtelteils wird der Finger sichtbar oder verdeckt. Ein Stegreif-Dialog zwischen Schauspieler und Zusehern kann beginnen!

Wer guckt heraus?
Renate Steiner

(Fingerspiel)

.... Freude am Reimen – Fingerfertigkeit

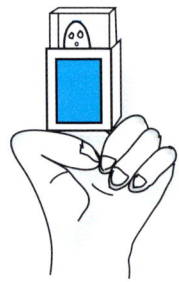

Wer guckt heraus? Wer guckt heraus?
Ist das nicht der kleine Klaus?
Ich zeig dir gerne mein Gesicht,
mehr kann ich leider heute nicht!
Die Vorstellung ist nun gleich aus:
„Auf Wiedersehen!",
jetzt versteck ich mich in meinem Haus.

Spielimpuls

Zum Text passend mit Hilfe der kleinen Zündholzschachtelbühne den Ablauf darstellen.

.... Die Finger spielen Theater ....

Flupp-di-wupp, der kleine Zwerg
(Handpuppen-Theater)

Renate Steiner

.... Sprechen und Spielen – Handkoordination

Wer geht denn da spazieren?
Wer hüpft auf einem Bein?
Wer kniet sich plötzlich nieder?
Wer kann denn das nur sein?
Wer klopft an die Türe?
Wer läuft um das Haus?
Flupp-di-wupp, der kleine Zwerg!
Die Geschichte ist jetzt aus!

Spielimpuls

Auf die Hand ein Gesicht malen, als Mütze ein Tuch um das Handgelenk binden und mit Zeige- und Mittelfinger die Bewegungen zum Text passend darstellen.

Zirkus Kunterbunt
(Finger-Theater)

Renate Steiner

.... Fantasie anregen – Kleines Rollenspiel

Tra-rü, tra-ra, ihr lieben Leute,
Zirkus Kunterbunt besucht uns heute:
Der Daumen ist der braune Bär,
auf einem Fahrrad fährt er hin und her.
Der Zeigefinger springt lustig herum als Clown,
hurra, jetzt macht er sogar einen Purzelbaum.
Der Mittelfinger ist ein toller Jongleur,
hoch in die Luft wirft er Stäbe, Bälle und noch vieles mehr.
Der Ringfinger reitet auf einem Elefant,
den kennt jeder, Bimbo wird er genannt.
Der kleine Finger ist Herr Zirkusdirektor Kitzelfuß,
er verbeugt sich und spielt auf der Trompete noch einen Gruß:
tä-tä-rä-tä!
„Die Vorstellung ist nun wieder aus,
wir danken für euren lieben Applaus.
Ich hoffe, es hat euch Spaß gemacht,
und wünsche allen eine gute Nacht!"

.... Die Finger spielen Theater ....

Anleitung
Mit den Fingern dazupassende Bewegungen ausführen.

Spielvariante
Für die Aufführung eines kleinen Theaters übernehmen einzelne Kinder die Rollen und werden anstelle der Finger dem Publikum namentlich vorgestellt. Dazupassende Requisiten beleben die kleine Zirkusvorstellung.

Kasperltheater aus Briefkuvert
(Bastelidee)

.... Kreativität fördern – Basteln und Spielen

Material
Fensterkuvert, Zeichenpapier, Schere, Malstifte

Anleitung
Ein Fensterkuvert mit der offenen Seite nach unten auflegen, den linken Teil nach hinten klappen, sodass die Fensteröffnung genau in der Mitte ist (siehe Abb.). Diese Kasperlbühne bunt anmalen. Dazupassend kleine Stabspielfiguren zeichnen und anschließend ausschneiden. Das untere Ende dient zum Führen der Figur. Im Nu kann das Kasperltheater beginnen.

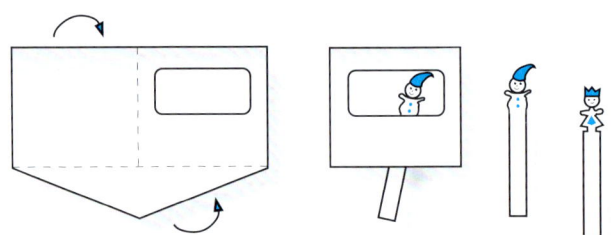

Mein Kasperlhaus
(Finger-Theater)

mündlich überliefert

.... Fantasie anregen – Rollenspiel

Ich hab ein kleines Kasperlhaus,	... mit Händen ein Hausdach bilden
da schaut der kleine Kasperl raus,	... rechter Daumen
da kommt die böse Hexe her,	... linker Daumen
die ärgert meinen Kasperl sehr.	... linker Daumen piekst den rechten
Der Kasperl, der macht ri-ra-rum,	... rechter Daumen kreist einmal
da dreht die kleine Hexe um	... linker Daumen versteckt sich hinter
und geht nach Haus und schläft sich aus.	dem Rücken

Da kommt das böse Krokodil,	... linker Daumen und die vier Finger
das meinen Kasperl fressen will.	schnappen wie ein Maul auf und zu
Da macht der Kasperl bum, bum, bum,	... rechter Daumen klopft 3x
	auf den linken Handrücken
da dreht das Krokodil sich um	... linke Hand versteckt sich hinter
und geht nach Haus und schläft sich aus.	dem Rücken
Da lacht der Kasperl: „Ha-ha-ha,	... 3x klatschen
ich bin und bleibe immer bei euch da!"	... rechter Daumen

Anleitung

Mit den Fingern zum Text passende Bewegungen ausführen.

Spielvariante

Die Aufführung erfolgt mit einem selbst gebastelten Kasperltheater aus einem Briefkuvert wie zuvor beschrieben.

Klatschen und spielen zu zweit

A, B, C
Renate Steiner
(Klatschspiel)

.... Koordination von Sprache und Bewegung – Serialität

```
1  2  3
A, B, C,
      1      2     3
   wir Freunde sind okay.
      2      R      2     L
   Ich klatsche nun in deine Hand
      2           R      2     L
   und du klatschst dann in meine Hand.
1  2  3
A, B, C,
      1      2     3
   wir Freunde sind okay.
```

Anleitung

Je zwei Kinder stellen sich gegenüber auf:

    1 = *Mit beiden Händen auf die Oberschenkel klatschen.*
    2 = *In die Hände klatschen.*

3 = *Auf die Handflächen des Partners klatschen.*
R = *Die rechten Handflächen beider Partner klatschen zusammen.*
L = *Die linken Handflächen beider Partner klatschen zusammen.*

Der heiße Tipp

Unter Serialität versteht man die Fähigkeit, Reihenfolgen zu erfassen und zu behalten. Dies ist eine wichtige Grundvoraussetzung für alle Schulanfänger/innen, um richtiges Schreiben und Rechnen zu erlernen. Seriale Störungen spiegeln sich oftmals in der gesamten Leistungsfähigkeit wider, da das Vorausplanen schwerfällt und die daraus resultierenden Ergebnisse nicht im richtigen Zusammenhang wahrgenommen werden können.

Scheren schleifen

mündlich überliefert

(Klatschspiel)

.... Sprachrhythmus – Serialität

```
    2       3    2       3
Scheren schleifen, Scheren schleifen
    2    3    2
ist die beste Kunst.
      R    2      L    2
Die rechte Hand, die linke Hand,
      R   2      L       2
die geb ich dir als Unterpfand.
      R    2      L   2
Da hast du, da nimm du,
      R     2   3
da hast du alle zwei.
```

Anleitung

Je zwei Kinder stellen sich gegenüber auf:

2 = *In die Hände klatschen.*
3 = *Auf die Handflächen des Partners klatschen.*
R = *Die rechten Handflächen beider Partner klatschen zusammen.*
L = *Die linken Handflächen beider Partner klatschen zusammen.*

.... Klatschen und spielen zu zweit ....

Im Wald
(Silben-Klatschspiel)

Renate Steiner

.... Akustische Gliederungsfähigkeit – Serialität

```
  2   R   2   L   2   3       3       3
Im Wald, da hat´s ge-brannt, -brannt, -brannt,
  2   R   2   L   2   3       3       3
da bin ich fort-ge-rannt, -rannt, -rannt,
  2   R   2    L    2    3     3     3
da lief ich schnell nach Haus, Haus, Haus,
  2   R   2    L    2    3    3    3
jetzt ist das Spiel schon aus, aus, aus.
```

Anleitung

Je zwei Kinder stellen sich gegenüber auf:

- 2 = *In die Hände klatschen.*
- 3 = *Auf die Handflächen des Partners klatschen.*
- R = *Die rechten Handflächen beider Partner klatschen zusammen.*
- L = *Die linken Handflächen beider Partner klatschen zusammen.*

Der heiße Tipp

Durch das Silben-Klatschen bekommen Kinder spielerisch das Gefühl vermittelt, wie Wörter beim Schreiben richtig abgeteilt werden.

Rasbandri
(Silben-Klatschspiel)

mündlich überliefert

.... Koordination von Sprache und Bewegung – Serialität

```
 1   2   3
Ras-ban-dri,
 2   R   2   L
sama-mili, sama-ma,
 2   R   2   L    2    R    2   L
aka-dem-ba (Pause), tschiri-lum-ba (Pause),
 2   R   2   L   2   3    3    3
aka-dem-ba, tschi-ri lumba-lumba-la.
```

Anleitung

Je zwei Kinder stellen sich gegenüber auf:

    1 = *Mit beiden Händen auf die Oberschenkel klatschen.*
    2 = *In die Hände klatschen.*
    3 = *Auf die Handflächen des Partners klatschen.*
    R = *Die rechten Handflächen beider Partner klatschen zusammen.*
    L = *Die linken Handflächen beider Partner klatschen zusammen.*

Das ist der Garten

mündlich überliefert

(Kettengeschichte)

.... Natur beobachten – Zuneigung ausdrücken

Das ist ein Garten.   *... Arme vor dem Körper zu einem Kreis schließen*
In dem Garten steht ein Baum.   *... Arme senkrecht aneinander legen, Finger als Äste spreizen*
Auf dem Baum ist ein Nest.   *... Hände stellen ein rundes Nest dar*
In dem Nest liegt ein Ei.   *... Faust bilden und diese in die andere Hand legen*
Aus dem Ei schlüpft ein Vogel.   *... Daumen und Zeigefinger bilden den Schnabel*
Hinter dem Baum sitzt ein Hase.   *... Zeige- und Mittelfinger ausstrecken*
Der kitzelt dich an deiner Nase!   *... mit den Fingern die Nase eines anderen Kindes kitzeln*

Anleitung

Zum Text passend die Bewegungen ausführen.

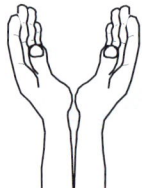

Pinkepank

mündlich überliefert

(Spruch/Ratespiel)

.... Sprechen und Beobachten – Rhythmisches Klopfen

    Pinkepank,
    der Schmied ist krank.
    Wo soll er wohnen?
    Unten oder oben?

Anleitung

Zwei Kinder stehen einander gegenüber. Eines der beiden versteckt hinter dem Rücken eine Nuss (einen Stein) in seiner Faust, die zweite Faust bleibt leer. Zum Spruch die Fäuste abwechselnd übereinanderklopfen.

Am Spielende soll das andere Kind erraten, in welcher Faust die Nuss (der Stein) versteckt ist. Gelingt dies, darf es die Nuss (den Stein) behalten, es erfolgt ein Rollentausch.

Kaffee reiben
mündlich überliefert
(Spruch/Tischspiel)

.... Sprachrhythmus spielerisch erleben – Handkoordination

Kaffee reiben, Kaffee reiben,   *... Faustpyramide dreht im Kreis*
Zucker stoßen, Zucker stoßen,   *... Faustpyramide auf und ab bewegen*
eine Hand muss weg!   *... die unterste Hand entfernen*

Anleitung
Ein Kind bildet eine Faust und stellt diese mit nach oben gestrecktem Daumen auf den Tisch. Ein anderes Kind umschließt mit seiner Faust den Daumen und streckt seinen Daumen ebenso nach oben weg. So entsteht eine Faustpyramide. Im Rhythmus zum Spruch passend die Bewegungen ausführen.

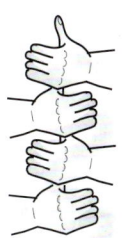

Auf zum Arzt
mündlich überliefert
(Scherzspiel)

.... Sprechen und Spielen

1. Spieler: „Wo wohnt der Doktor?"
2. Spieler: „Ein Stückchen weiter!"
1. Spieler: „Wo wohnt der Doktor?"
2. Spieler: „Ein Stückchen weiter!"
1. Spieler: „Wo wohnt der Doktor?"
2. Spieler: „Ein Stückchen weiter!"
1. Spieler: „Kling, kling!"   *... beim Ohrläppchen des anderen zupfen*
            „Bumm, bumm!" *... leicht auf die Stirne des anderen klopfen*
            „Guten Tag, Herr Doktor!" *... die Nase des anderen nehmen und leicht nach unten ziehen*

Anleitung
Der erste Spieler nimmt die Hand des zweiten Spielers, setzt seine Finger darauf und erklärt ihm, dass er auf jede Frage mit: „Ein Stückchen weiter!" antworten muss. Dann geht es los, der erste Spieler fragt, der zweite antwortet, worauf der erste mit seinen Fingern am Unterarm hinaufrutscht.

Nach der nächsten Frage rutschen die Finger zum Oberarm und dann zur Schulter. Anschließend die Bewegungen wie angegeben ausführen.

Fußballtor
(Scherzspiel)

mündlich überliefert

.... Freude am Schabernack vermitteln

Fuß-	... mit Zeigefinger auf die rechte Handfläche des anderen tupfen
ball	... dann auf die linke Handfläche tupfen
„Tor!"	... nun mit dem Finger leicht auf den Bauch tupfen

Anleitung
Die Spieler stehen einander gegenüber, der Spielanführer fordert den anderen auf, die Hände vor seiner Brust zu halten, dabei müssen die Handflächen zum anderen Spieler zeigen. Zum Text passend die Bewegungen ausführen.

Autofahren
(Scherzspiel)

mündlich überliefert

.... Sprechen und Spielen – Überraschungseffekt erleben

Autofahren, Autofahren,	... mit Finger hin und her fahren
die Brücke bricht,	... mit Finger Brücke durchschlagen
die Biene sticht!	... mit Finger leicht in den Bauch stechen

Anleitung
Zwei Kinder stehen einander gegenüber, eines hält seine beiden Zeigefinger gestreckt waagrecht aneinander (= Brücke), das andere spricht den Spruch und führt zum Text passend die Bewegungen aus.

Sprachspiele

2

- Reim- und Ratespiele
- Silbenspiele
- Spiele mit Wörtern und Sätzen
- Lautspiele

2. Kapitel

Wozu Sprachspiele?

Sprachspiele dienen dem Erwerb der Schriftsprache und sind wichtige Impulse für ein erfolgreiches Lesen- und Schreibenlernen. Voraussetzung dafür ist der Einblick in die Lautstruktur, was als phonologische Bewusstheit bezeichnet wird. Durch gute Zungenfertigkeit wird die Sprechsicherheit des Kindes positiv beeinflusst. Aufmerksames Zuhörenkönnen stellt die Grundlage dar, um generell eine Sprache zu erlernen. Sprechen fördert Eigentätigkeit. Dadurch erweitert sich auch zunehmend der Wortschatz. Artikulation, Sprachrhythmusgefühl sowie Sprachgewandtheit werden auf spielerische Art bestens gefördert, die Sprachkompetenz ermöglicht eine starke Persönlichkeitsbildung und ist wichtigstes Mittel des Sozialkontaktes.

Reim- und Ratespiele

Eine kleine Mickymaus
(Auszählreim)

mündlich überliefert

.... Freude am Sprachwitz finden – Sprachstruktur bewusst machen

Eine kleine Mickymaus
zieht sich ihre Hose aus,
zieht sie wieder an
und du bist dran!

Ameisen krabbeln
(Kinderreimspiel)

Renate Steiner

.... Fußgymnastik – Beachtung der Lautstruktur

Ameisen krabbeln,	... mit Fingern die Beine entlang krabbeln
Zehen, die zappeln,	... Zehen bewegen
Füße, die trappeln	... mit beiden Beinen am Boden trappeln
plötzlich ganz laut –	... stärker auftrappeln
bumm,	... fest aufstampfen
jetzt stehen sie wieder –	... Beine nicht bewegen
alles ist stumm.	

Anleitung

Bewegungen zum Text passend ausführen.

Plitsch und Platsch
(Fußbewegungsspiel)

Renate Steiner

.... Koordination von Sprache und Bewegung – Fußmotorik

Plitsch und Platsch, die beiden Beine,
möchten gern spazieren gehn,
und sie drehen sich im Kreise,
trippeln auf den Zeh'n.

Und sie hüpfen und sie stampfen
einmal hin und einmal her,
und sie gehen auf den Fersen,
ja, das ist doch gar nicht schwer!

Anleitung

Zum Text passend die Bewegungen mit den Beinen ausführen.

Meine kleine Katze

(Mal- und Reimspiel)

mündlich überliefert

.... Sprechen und Malen – Kreativität fördern

Punkt, Punkt, Komma, Strich,
fertig ist ihr Angesicht.
Mit zwei spitzen Ohren,
so wird sie geboren.
Langen Bart und runden Bauch,
ja den hat die Katze auch.
Jetzt fehlt noch der Schwanz,
ritze – ratze,
da sitzt nun meine kleine Katze!

Anleitung

Die Kinder sprechen den Text und versuchen dazupassend eine kleine Katze zu zeichnen.

Der heiße Tipp

Der Umgang mit traditionellen und neuen Reimen soll bei Kindern vorerst die Freude am Sprechen wecken. Oftmalige Wiederholungen sind wichtige Grundvoraussetzungen für das kindliche Lernen (Gedächtnistraining), darüber hinaus bekommen die Kinder ersten Zugang zu Inhalt und Form der Sprache.

Reim-Flüsterreise

(Lauschspiel)

.... Aufmerksames Hören – Verstehen – Leises Sprechen üben

Alle sitzen im Sesselkreis. Die Spielleiterin/Der Spielleiter denkt sich zwei Reimwörter aus und flüstert diese, z.B. Puppe – Suppe (Tee – Fee, Kuh – Schuh, Fisch – Tisch, Sonne – Tonne, Hose – Rose ...), dem links sitzenden Kind ins Ohr. Wie bei dem Spiel „Stille Post" wird das, was man gehört hat, dem nächsten Nachbarn leise ins Ohr geflüstert. Sind die beiden Reimwörter beim letzten Kind angelangt, wiederholt es diese laut. Danach vergleicht man, ob die ursprünglichen Reimwörter dieselben waren. Wem zuerst zwei neue Reimwörter einfallen, der darf als Nächster die Flüsterreise fortsetzen.

Jeder muss arbeiten
Renate Steiner

(Ratespiel)

.... Passende Reimwörter finden – Wortschatzübung

Der Gärtner muss die Blumen gießen,
der Jäger, der darf manchmal ...!
Der Bauer muss die Samen säen,
der Schneider, der soll den Mantel ...!
Der Bäcker muss die Semmel backen,
der Fleischhauer, der soll die Knochen ...!
Der Schlosser muss die Schlüssel feilen,
der Arzt, der soll die Kranken ...!
Der Lehrer muss an die Tafel Wörter schreiben,
der Koch, der soll die Nüsse ...!
Das Ratespiel ist jetzt gleich aus,
alle gehen bald nach ...!

Wer kann das Tier erraten?
Renate Steiner

(Reimgeschichte)

.... Passende Reimwörter finden – Wortschatzübung

Ganz unten in dem kleinen Haus
versteckt sich eine graue ...!
Wer fängt sie schnell mit einem Satze?
Das ist des Nachbars schwarze ...!
Sie schleicht ganz leise auf ihren Tatzen
und kann damit auch richtig ...!
Wer läuft durch Wald und Feld ganz flugs,
ist das nicht der schlaue ...?
Über der Blume flattert ein Ding,
das ist ein schöner ...!

Alles verdreht
Renate Steiner

(Lügen-Reimgeschichte)

.... Inhaltliche Fehler entdecken – Sprachfantasie entwickeln

Die Spielleiterin/Der Spielleiter liest die Geschichte vor. Sobald die Kinder einen Fehler im Text bemerken, rufen sie: „Falsch!" und ergänzen das richtige Reimwort.

.... Reim- und Ratespiele ....

Am Morgen putze ich mir jeden Tag die Mähne (Zähne).
Mama frisiert mich mit dem Schwamm (Kamm) im Badezimmer.
Ist es kalt, setze ich eine warme Pfütze (Mütze) auf, wenn ich fortgehe.
In meine Tasche stecke ich den Haustürrüssel (Haustürschlüssel).
Das Haus, in dem ich wohne, hat ein flaches Bach (Dach) und viele Fenster.
Mittags esse ich gerne eine heiße Nudelpuppe (Nudelsuppe) mit Würstchen.
Wenn die Tonne (Sonne) wieder scheint, spiele ich im Garten.
Mein Freund heißt Maus (Klaus), jetzt ist die Geschichte aus.

Weiterführende Idee

Selbst eine „Lügengeschichte" mit vertauschten Reimwörtern erfinden.

Reife Zwetschken

mündlich überliefert

(Spruch/Koordinationsübung)

.... Freude am rhythmischen Sprechen – akustisches Signal setzen

Zwetschken rollen	... beide Handflächen
über die Straße,	umkreisen einander
kommt ein Auto,	... Lenkrad halten
sind sie zerquetscht!	... auf letzte Silbe 1x klatschen

Spielimpuls

Zum Text die angeführten Bewegungen darstellen, dabei auf die Sprachbetonung achten. Welches Fahrzeug könnte noch auf der Straße fahren?

Der heiße Tipp

Bei sprachlicher Frühförderung soll Sprache zum Klingen gebracht und als ganzheitliche Ausdrucksform erfahrbar gemacht werden. Durch unterschiedliche Spielanreize gewinnen Kinder zunehmend an Sprechsicherheit. Es ermöglicht ihnen, ihre Gedanken zu formulieren, Gefühle zu äußern und Konflikte verbal zu lösen. All das bildet die Basis für eine gute Sprachkultur, die für den späteren Schulalltag eine wichtige Grundvoraussetzung ist.

Ich habe einen Schnüffelhund

Franz Steiner

(Singspiel)

.... Sprachspielerei – Humorvollen Inhalt spielerisch darstellen

1. Ich habe einen Schnüffelhund, Schnüffelhund, Schnüffelhund, der schnüffelt auf dem Meeresgrund, Meeresgrund, Meeresgrund, lieber kleiner Meereshund, küss ich dich – auf den Mund, lieber kleiner Meereshund, läufst du mir davon!

2. Ich habe einen Schnüffelhund, Schnüffelhund, Schnüffelhund,
   der schnüffelt an dem Puppenmund, Puppenmund, Puppenmund,
   lieber kleiner Puppenhund, küss ich dich – auf den Mund,
   lieber kleiner Puppenhund, läufst du mir davon.

3. Ich habe einen Schnüffelhund, Schnüffelhund, Schnüffelhund,
   der schnüffelt an dem Hosenbund, Hosenbund, Hosenbund,
   lieber kleiner Hosenhund, küss ich dich – auf den Mund,
   lieber kleiner Hosenhund, läufst du mir davon.

4. Ich habe einen Schnüffelhund, Schnüffelhund, Schnüffelhund,
   der schnüffelt an dem Schlüsselbund, Schlüsselbund, Schlüsselbund,
   lieber kleiner Schlüsselhund, küss ich dich – auf den Mund,
   lieber kleiner Schlüsselhund, läufst du mir davon.

5. Ich habe einen Schnüffelhund, Schnüffelhund, Schnüffelhund,
   doch leider ist er kugelrund, kugelrund, kugelrund,
   lieber kleiner Kugelhund, küss ich dich – auf den Mund,
   lieber kleiner Kugelhund, läufst du mir davon.

Anleitung

Auf den Boden verteilt mehrere Puppen und Schlüsselbunde legen. Die Kinder bewegen sich auf allen Vieren durch den Raum und spielen jedes für sich den Schnüffelhund. Zum Text passend die Bewegungen darstellen.

Der heiße Tipp: Beim Krabbeln auf allen vieren aktivieren Kinder beide Gehirnhälften, was für erfolgreiches Lernen eine Grundvoraussetzung ist.

Sage ich: Wau

Franz Steiner

(Gedicht)

.... Sprachspielerei – Lustiges Reimen

Sage ich: Wau
sagst du: Miau
Sage ich: Wuff
sagst du: Schnuff
Sag ich dann: Krrrr
machst du bloß: Brrrr
Sage ich: Wie
lachst du: Hihi

Sage ich: Wo
hüpfst du: Hoho
Sage ich aber:
Schneckenschreck
schreckt Schnecken
zeigst du mit dem Finger
an den Kopf:
Meck-meck und läufst weg!

Palatschinken

Renate Steiner

(Spruch/Tischspiel)

.... Gefühl für Rhythmus und Wortklang entwickeln

Pa-la-tschin-ken, Pa-la-tschin-ken lie-gen auf dem Tisch,
Pa-la-tschin-ken, Pa-la-tschin-ken sind ganz köst-lich frisch.

Zwei oder mehr Kinder sitzen um einen Tisch und legen abwechselnd die Hände flach übereinander. Dies ergibt einen Berg von Palatschinken. Alle sprechen mit gleichbleibender, rhythmischer Betonung den Spruch und fügen kurze Sprechpausen zwischen den Silben ein. Im Takt dazupassend wechselt die jeweils unterste Hand nach oben. Mit der Zeit kann das Übereinanderlegen der Palatschinken immer schneller und schneller werden.

Silbenspiele

Auf dem bi-ba-bun-ten Berge
(Auszählreim)

mündlich überliefert

.... Spielen mit der Sprache – Selbstlaute umbilden

Auf dem bi-ba-bun-ten Berge
wohnen bi-ba-bun-te Zwerge.
Und die bi-ba-bun-ten Zwerge
haben bi-ba-bun-te Kinder.
Und die bi-ba-bun-ten Kinder
essen jeden Tag ein Ei.
Ein, zwei, drei
und du bist frei.

Silben-Baustelle
(Gruppenspiel)

.... Wörter in Silben trennen

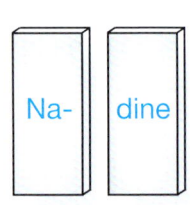

Na- | dine

Die Kinder bilden einen Sesselkreis, einige gleich große Holzbausteine liegen auf einem Haufen beisammen. Die Spielleiterin/Der Spielleiter zeigt auf ein Kind, das nun seinen Vornamen mit den Holzbausteinen nach Silben getrennt darstellen soll (Na-dine). Pro Silbe wird je ein Baustein vom Haufen genommen und auf dem Boden senkrecht aufgestellt. Danach sprechen und klatschen (springen, stampfen) alle gemeinsam den in Silben unterteilten Namen. Anschließend erfolgt ein Rollentausch. Wer hat den längsten, wer den kürzesten Vornamen in der Gruppe?

Weiterführende Ideen
- Die Spielleiterin/Der Spielleiter unterteilt Wörter in Einzelsilben. Diese versuchen die Kinder zusammenzuhängen und ganze Wörter zu bilden, z.B. Kin-der-wa-gen = Kinderwagen, To-ma-ten-sup-pe = Tomatensuppe usw. Wer das Wort in einem richtig ausspricht, darf sich ein neues Silbenrätsel für die Gruppe ausdenken.
- Noch schwieriger wird es, wenn die Stimme bei jeder Silbe verändert wird. (hoch, tief, laut, leise, monoton, traurig, fröhlich ...)
- In einer Raumecke zuerst einen Baustein, in der nächsten Ecke zwei

Bausteine, dann drei Bausteine und in der letzten Ecke vier Bausteine auflegen. Die Kinder suchen im Raum dazu passende Gegenstände oder Bildkärtchen und ordnen diese nach der Silbenanzahl richtig zu, z.B. Ball = 1 Baustein, Handtuch = 2 Bausteine, Schildkröte = 3 Bausteine usw. Durch gemeinsames Silbenklatschen wird die jeweilige Richtigkeit überprüft.

Flaschendrehen
(Frage-Antwortspiel)

> .... Selbstlaute bilden – Zungenfertigkeit üben – Namen kennenlernen

In der Kreismitte befindet sich eine leere Mineralwasserflasche. Ein Kind darf die Flasche drehen und spricht dazu: „La-le-li-lo-lu, wie heißt denn du?" Dasjenige Kind, auf das der Flaschenhals nach dem Drehen zeigt, sagt seinen Namen und darf als Nächstes die Flasche drehen.

Weiterführende Idee
Der Name wird in Silben getrennt gesprochen und eventuell auch geklatscht.

Rücken rubbeln
(Silbenspruch/Kontaktspiel)

Renate Steiner

> .... Sprachstruktur wahrnehmen – Merkvermögen spielerisch steigern

Rub-bel-die,
schrub-bel-die,
rub-bel-die dei,
am Rücken *(Kopf, Hand, Fuß, Finger, Nase, Ohr, Ferse ...)*
wir rub-beln uns –,
nur wir zwei!

Anleitung
Die Kinder bilden Paare und stellen sich Rücken an Rücken auf. Zum Spruch passend reiben beide ihren Rücken aneinander. Bei der Wiederholung auch andere Körperteile nennen und diese sanft aneinanderreiben. Die Spielpartner beliebig nach jeder Runde tauschen.

Der Zauberer Kalim

Renate Steiner

(Silbenspruch/Bewegungsspiel)

.... Zuhören können – Gestellte Aufgabe fantasievoll umsetzen

Schaut mich an und seid still,
weil ich wieder zaubern will!
Klin-ka, klan-ka, klun-ka, hax,
zim-pa, zam-pa, zum-pa, fax,
ihr sollt hüpfen *(tanzen, pfeifen, kriechen, lachen ...)* immerzu –
bis ich sage: „Gebt jetzt Ruh!"

Anleitung

Eines der Kinder übernimmt die Rolle des Zauberers und setzt einen Zauberhut auf. In der Hand hält es ein Tamburin. Der Zauberer spricht den Zauberspruch und schlägt im rhythmischen Takt das Tamburin dazu. Nach einigen Wiederholungen erfolgt ein Rollentausch.

Der heiße Tipp

Durch kreative Spielimpulse wird Sprache für Kinder zum anregenden Erlebnis, das auch die Körpersprache als Ausdrucksmittel mit einbezieht. Im Sinne einer ganzheitlichen Sprachförderung kann sich die Wahrnehmungssensibilität sowie auch die Fantasie weiterentwickeln.

Was gibt es heute zu essen?

(Silbenhüpfen/Wettspiel)

.... Wörter in Silben zerlegen – Zuhören und Verstehen

Die Kinder stehen nebeneinander an einer vereinbarten Startlinie. Die Köchin/Der Koch steht auf der gegenüberliegenden Seite und schaut zu den Kindern. Das erste Kind fragt: „Was gibt es heute zu essen?" Darauf denkt sich die Köchin/der Koch eine Speise aus und antwortet z.B. „Wurstsalat". Das Kind, welches die Frage gestellt hat, trennt das Wort in Silben – „Wurst-sa-lat" – und darf der Köchin/dem Koch pro Silbe einen Schritt entgegengehen. Danach kommt das nächste Kind an die Reihe. Das Spiel wird so lange fortgesetzt, bis ein Kind als Erstes bei der Köchin/dem Koch angelangt ist und diese/diesen ablösen darf.

Spiele mit Wörtern und Sätzen

Wörter-Schatzkiste
(Ratespiel)

.... Wortanalyse – Zusammengesetzte Hauptwörter erkennen

In eine Schatzkiste (Schuhkarton) legt die Spielleiterin/der Spielleiter einige passende Bildkarten mit zusammengesetzten Wörtern. Ein Kind darf eine Karte herausnehmen und soll den Begriff dazu nennen, z.B. „Apfelbaum". Danach versucht es das Wort sinngemäß zu teilen: Es nennt „Apfel" und „Baum". Ist dies gelungen, darf es die Karte vor sich auflegen und ein anderes Kind rufen. Das Spiel wird fortgesetzt. Wurde das zusammengesetzte Wort nicht richtig geteilt, kommt die Karte zurück in die Schatzkiste. Wer hat am Spielende die meisten Kärtchen vor sich liegen?

Hinweis
Um gleiche Chancen für alle Kinder zu ermöglichen, reihum spielen.

Weiterführende Idee
Hat man keine Kärtchen zur Verfügung, denkt sich die Spielleiterin/der Spielleiter selber Wörter aus, z.B. Wurst-semmel (Turm-uhr, Auto-bus, Kinder-wagen, Eis-würfel, Haus-tor-schlüssel usw.). Sie/er blinzelt einem Kind zu, das die einzelnen Begriffe des zusammengesetzten Hauptwortes herausfindet. Bei Übereinstimmung erhält das Kind ein Legeplättchen als Anerkennung. Wer zum Schluss die meisten davon hat, wird Sieger.

Wörter-Eisenbahn
(Wahrnehmungsspiel)

.... Wortinhalt als Ganzes erfassen

Die Spielleiterin/Der Spielleiter stellt einen einfachen kurzen Satz vor, z.B. „Der Zug fährt." Ein Kind der Gruppe bildet mit Hilfe von Stühlen eine Eisenbahn, für jedes Wort darf es einen Sessel nehmen und diese Sessel hintereinander aufreihen. Der Zug besteht nun aus drei Sesseln. Es folgt ein neuer Satz, z.B. „Opa fährt mit dem Zug heim". Zu der bestehenden Eisenbahn müssen nun drei weitere Sessel hinzugefügt werden. Ist ein nachfolgender Satz kürzer, müssen dementsprechend viele Sessel wieder beiseite geschoben werden. Wem gelingt es, die längste Wörtereisenbahn zu bauen?

Wer weiß, was fehlt?
(Sprachspiel)

.... Bildung von Sätzen – Fantasie wecken

Die Spielleiterin/Der Spielleiter wirft einem Kind einen Ball zu und bildet spontan einen Satz, der jedoch nicht vollständig ist, z.B. „Ich gehe in ..." Das Kind, das den Ball fängt, soll den Satz mit Fantasie vervollständigen. Danach wirft es den Ball zurück. Das Spiel wird beliebig lang fortgeführt.

Spielvarianten
- Das Kind, das den Satz beendet hat, denkt sich selbst einen Satzanfang aus und wirft den Ball einem anderen Kind zu, z.B. „Ich esse heute ..."
- Noch schwieriger wird es, wenn aus den einzelnen Sätzen inhaltlich eine lustige (traurige, gruselige, spannende) Geschichte entstehen soll.

Löffelkönig
(Geschichte/Reaktionsspiel)

.... Heraushören von Wörtern

Je nach Anzahl der Kinder legt die Spielleiterin/der Spielleiter in einer Reihe Löffel auf den Boden. Es muss immer ein Löffel weniger sein, als mitspielende Kinder vorhanden sind. Die Kinder knien sich um die Löffel herum nieder und haben die Hände am Rücken verschränkt. Die Spielleiterin/Der Spielleiter erzählt eine Geschichte, in der das Wort „Löffel" häufig vorkommt. Sobald es die Kinder hören, versuchen alle möglichst schnell einen Löffel zu schnappen. Wer keinen hat, scheidet aus. Danach wird ein Löffel beiseite gelegt. Das Spiel wird fortgeführt, bis das letzte Kind zum Löffelkönig gekürt wird.

Satz-Erfinder
(Spruch/Reaktionsspiel)

Renate Steiner

.... Bildung von Sätzen – Wortschatzübung

Bix-ba-bu,
das neue Wort,
hör gut zu –,
heißt:
„Fahrrad".

Der Satz-Erfinder steht in der Kreismitte. Er spricht den Zauberspruch und ergänzt diesen mit einem beliebigen Wort. Dabei dreht er sich im Kreis, am Ende hält er an und zeigt mit seinem Finger auf ein anderes Kind, das nun daraus einen ganzen Satz bilden soll, z.B. „Ich wünsche mir ein neues Fahrrad." Nun erfolgt ein Rollentausch, das Kind darf als neuer Satz-Erfinder in die Mitte gehen.

Die Minutenrede
(Geschichte)

.... Freies Sprechen üben – Sprachkompetenz

Die Kinder schreiben einzelne Wörter auf Zettel und legen diese in einen Zylinder. Ein Kind zieht daraus einen Zettel. Es liest den Begriff und hält daraufhin eine frei erfundene Rede, die eine Minute lang dauern soll. Zum Messen der Zeit eine Sanduhr bereitstellen. Jede Rede wird mit heftigem Applaus belohnt.

Der heiße Tipp

Freies Sprechen ist nicht für jedermann leicht und erfordert ein hohes Maß an Sprachkompetenz sowie Selbstvertrauen. Sprechen und Denken stehen in direktem Zusammenhang, der Spracherwerb ist ein fortdauernder Prozess, der durch positive Einflüsse voranschreitet. Das Sprechen ist somit ein wichtiger Teil der gesamten Persönlichkeitserziehung.

Kettengeschichte erzählen
(Sprachspiel)

.... Sprache und Inhalt – Erlebnisse und Gefühle formulieren

Durch das Einbeziehen aller Kinder soll eine spannende, lustige oder fantasievolle Geschichte entstehen. Einer aus der Runde gibt ein Thema vor – z.B. „Das Fußballmatch", „So ein Lausbubenstreich", „Mein Wunschtraum" ... Der Sitznachbar/Die Sitznachbarin beginnt eine Geschichte zu erzählen – jeweils ein bis fünf Sätze lang. Der/Die Nächste muss nun den Erzählfaden aufnehmen und weiterspinnen. Jedes Kind kann so die Geschichte beeinflussen, keines weiß jedoch, wie diese enden wird.

Lautspiele

Der blinde Mann im Zauberwald
(Akustisches Wahrnehmungsspiel)

> .... Laute sprechen und hören

Die Kinder verteilen sich im Raum (Garten), sie stellen Bäume dar. Sobald man sich ihnen nähert, geben sie einen zuvor vereinbarten Laut (z.B. F oder M, S, L, R, B, K, N ...) von sich. Ein „Blinder" spaziert nun mit geschlossenen Augen durch den Wald und versucht dabei, keinen Baum zu berühren. Sobald der Blinde seine Augen öffnet oder an einem Baum anstößt, erfolgt ein Rollentausch. Als Warnsignal wird nun ein neuer Laut ausgewählt.

Weiterführende Idee
Akustisch reizvoller ist es, wenn unterschiedliche Laute (Konsonanten) als Warnsignal für den Blinden zugerufen werden.

Die geheimnisvolle Laut-Allee
(Akustisches Differenzierungsspiel)

> .... Anlaute sprechen und hören

Die Kinder bilden eine Allee und stellen sich als „Bäume" in zwei gegenüberliegenden Reihen auf. Ein Kind, die Waldhexe, stützt sich auf einem Stock ab und spaziert langsam durch die Allee hin und her. Jedes Kind spricht sofort den Anlaut seines eigenen Vornamens, sobald die Waldhexe an den Bäumen vorbeigeht (Florian = F, Sabrina = S). Danach verstummen die Laute wieder, neue sind zu hören. Es ist für alle Mitspielenden ein Klangerlebnis der besonderen Art.

Weiterführende Ideen
- Die Hexe bewegt sich mit geschlossenen Augen durch die Allee und tastet sich mit ihrem Stock voran.
- Zwei Hexen kommen aufeinander zu und bewegen sich beliebig hin und her.

.... Lautspiele ....

Wer oder was?
(Frage-Antwortspiel)

.... Anlaut wiedererkennen – Sprachkompetenz fördern

Alle sitzen oder stehen im Kreis. Die Spielleiterin/Der Spielleiter denkt sich einen Buchstaben aus und fragt die Kinder: „Wer oder was beginnt mit S?" Sie/Er steht in der Kreismitte und dreht sich mit geschlossenen Augen um die eigene Achse. Sie/Er deutet mit dem Zeigefinger auf ein Kind, welches die Frage beantworten soll. Die Antwort kann nun entweder ein Vorname (Simon) oder ein Ding (Sonne) sein. Bei richtiger Beantwortung werden die Rollen getauscht.

Hinweis

Es ist für das Schreiben- und Lesenlernen sehr wichtig, dass die einzelnen Buchstaben immer lautgetreu ausgesprochen werden, z.B. „s" und nicht „es"!

Lustige Stolpersätze
(Zungenbrecher)

.... Gleiche Anlaute in einem Satz erkennen – Zungenfertigkeit üben

- ◊ Anna angelt am Abend Aale. Aale angelt am Abend Anna.
- ◊ Kleine Katzen kratzen! Kratzen kleine Katzen?
- ◊ Bei Berghängen blühen bunte Blumen. Bunte Blumen blühen bei Berghängen.
- ◊ Weiße Wäsche wollen wir waschen, waschen wollen wir weiße Wäsche.
- ◊ Brautkleid bleibt Brautkleid und Blaukraut bleibt Blaukraut.
- ◊ Fischers Fritz fischt frische Fische, frische Fische fischt Fischers Fritz.
- ◊ Zwei Zwerge zwicken zwei Zwerghasen.
- ◊ Sieben sonnige Sommertage sind sehr, sehr schön!

Spielimpuls

Die Kinder versuchen mit Vergnügen, einen beliebigen Zungenbrecher möglichst rasch und fehlerfrei zu wiederholen. Hat sich ein Versprecher eingeschlichen, muss das Kind ein Pfand hergeben, das am Ende der Spielrunde durch eine spezielle Aufgabe mit den Worten: „Wem gehört das Pfand in meiner Hand, was soll damit geschehen?" (ein Lied singen, auf einem Bein hüpfen, ein Rätsel erraten ...) wieder ausgelöst wird.

Namen-Dominospiel
(Akustisches Wahrnehmungsspiel)

.... Endlaute erkennen – Wortschatzübungen

Ein Kind der Gruppe beginnt und nennt einen beliebigen Vornamen, z.B. „Magdalena". Es blinzelt einem anderen Kind zu, dieses soll nun mit dem letzten Buchstaben des gehörten Namens wieder einen neuen Namen beginnen, z.B. „Andreas". Das Spiel wird beliebig lang fortgesetzt und kann zunehmend flotter vorangehen.

Spielvarianten
- Anstelle von Namen wird nun mit Tieren gespielt, z.B. Hahn – Nilpferd – Dackel – Löwe – Esel – Leopard ...
- Eine weitere Spielrunde kann mit beliebigen Hauptwörtern gebildet werden, z.B. Turm – Maus – Sonntag – Gabel – Licht – Tanne – Esel ...

Der sprechende Roboter
(Rate-/Lesespiel)

.... Zusammenziehen der Einzellaute zu einem Wort

Die Spielleiterin/Der Spielleiter stellt einen Roboter dar, der langsamer, aber auch anders spricht. Der sprechende Roboter kann nur die einzelnen Laute von einem Wort nacheinander vorsprechen, z.B. „K-a-t-z-e". Zuvor geht er mit steifen Schritten auf ein Kind zu. Dieses soll nun das ganze Wort nennen: „Katze". Ist es richtig, darf dieses Kind den Roboter spielen und ein neues Wort lautieren.

Der heiße Tipp

Beim Lautieren ist es immer notwendig, dass die einzelnen Laute besonders deutlich und mit der richtigen Betonung gesprochen werden. Einzelne Vokale klingen kurz oder lang, z.B. B-e-tt oder B-ee-t, das „s" kann rund oder scharf sein, z.B. S-o-nn-e oder n-a-ss.

Sing- und Tanzspiele

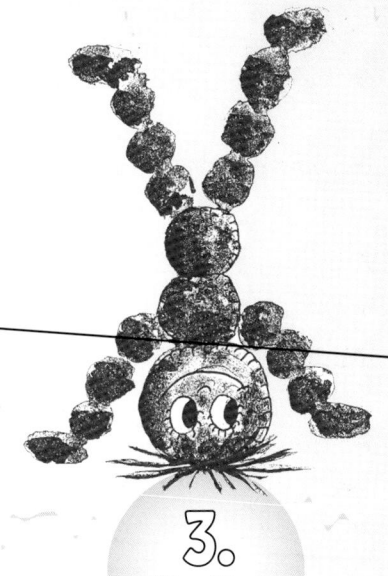

- Kreisspiele
- Spiellieder
- Tänze

3. Kapitel

Wozu Sing- und Tanzspiele?

Sing- und Tanzspiele vermitteln ein hohes Maß an Gemeinschaftsgefühl. Sie fördern sowohl die Musikalität als auch das Schöpferische im Kind und verbinden Sprache, Melodie, Rhythmus und Bewegung. Freude und Spaß stehen immer im Vordergrund, darüber hinaus erfolgt eine Sensibilisierung des Gehörs. Bereits Kleinkinder folgen gern einfachen Kreisspielen, mit zunehmendem Alter werden Sing- und Tanzspiele dann auch von Kindern alleine initiiert und bei festlichen Anlässen stolz vorgezeigt.

Kreisspiele

Leis, leis, leis
(Lied/Kreisspiel)

mündlich überliefert

.... Gemeinsame Aufstellung zum Kreis

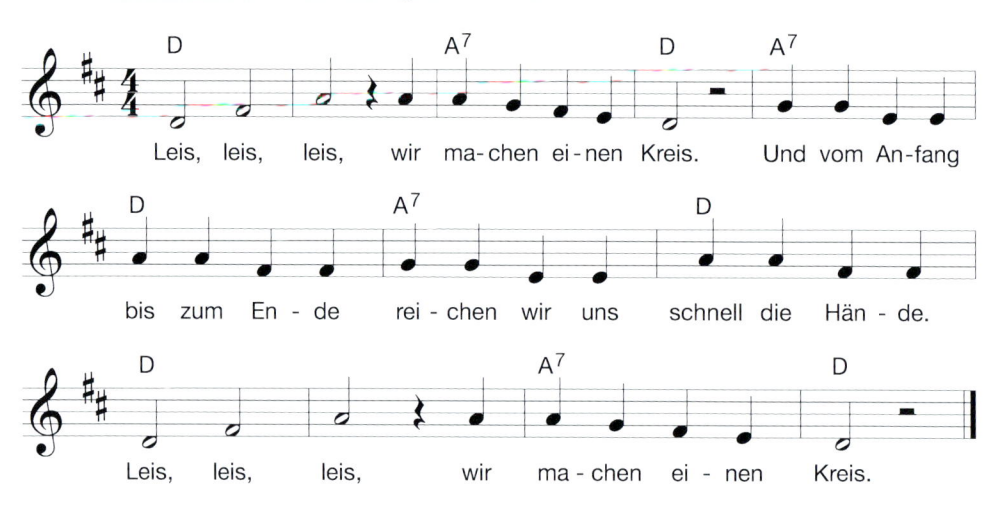

Leis, leis, leis, wir machen einen Kreis. Und vom Anfang bis zum Ende reichen wir uns schnell die Hände. Leis, leis, leis, wir machen einen Kreis.

Tanzform

Alle singen das Lied und versuchen währenddessen, gemeinsam einen Kreis zu bilden.

Der heiße Tipp

Die Aufstellung im Kreis vermittelt Kindern das Gefühl von Geborgenheit. Alle Mitspielenden stehen gleichberechtigt nebeneinander, alle zusammen bilden ein Ganzes, was für die Beteiligten Sicherheit ausstrahlt. Kreisspiele ermöglichen das Einüben im sozialen Tun, durch sie wird der Gemeinschaftsgeist lebendig und sichtbar zugleich.

Zwei Mäuse laufen um das Haus

Renate Steiner

(Kreisspiel)

.... Auserwählt werden im Schneeballsystem

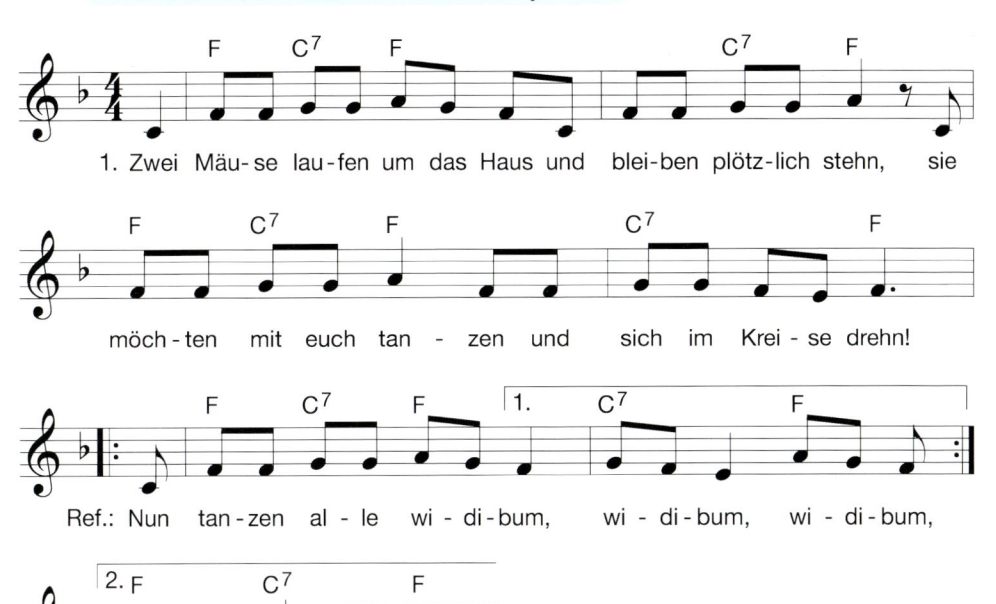

1. Zwei Mäuse laufen um das Haus und bleiben plötzlich stehn, sie möchten mit euch tanzen und sich im Kreise drehn!

Ref.: Nun tanzen alle widibum, widibum, widibum, bum im Kreis herum.

2. Vier Mäuse laufen um das Haus ...
3. Acht Mäuse laufen um das Haus ...
4. Viele *(sechzehn)* Mäuse laufen um das Haus ...

Tanzform

Alle bilden einen Kreis, zwei Kinder spielen die Mäuse und laufen um den Kreis herum. Dann halten beide an, jede Maus fordert ein weiteres Kind zum Tanz auf. Sie reichen einander die Hände und hüpfen im Kreis herum, die übrigen Kinder klatschen zum Refrain. Bei der zweiten Strophe laufen vier Mäuse um den Kreis und suchen sich wieder eine Maus als Tanzpartner aus usw. Das Lied wird mehrmals wiederholt, bis sich alle Mäuse auf der Tanzfläche tummeln.

Der Kasperl will spazieren gehn

mündlich überliefert

(Kreis-/Anhängespiel)

.... Führen und Folgen – Kette oder Zug bilden

1. Der Kasperl will spazieren gehn, tra-la-la, hop-sa-sa, der Kasperl will spazieren gehn, tra-la-la-la-la.

2. Er nimmt sich eine Gretel mit, tra-la-la, hop-sa-sa, er nimmt sich eine Gretel mit, tra-la-la-la-la.

3. Er nimmt sich eine Prinzessin *(König, Hexe, Räuber)* mit, er nimmt sich eine Prinzessin mit, tra-la-la-la-la.

Letzte Strophe:
Nun müssen alle schnell nach Haus, tra-la-la, hop-sa-sa, nun müssen alle schnell nach Haus, tra-la-la-la-la.

Tanzform

Alle Kinder bilden einen Kreis, ein Kind spielt den Kasperl und geht im Kreis umher. Bei jeder Strophe wählt es nun ein Kind aus, welches ihm die Hand gibt und es begleiten darf. So wird Kette immer länger. Am Ende kehren alle zurück auf ihren Platz, ein anderes Kind darf in die Rolle des Kasperls schlüpfen und das Spiel fortsetzen.

Spielvariante

Zur gleichen Melodie kann der Text: „Wir fahren mit der Eisenbahn, Eisenbahn, Eisenbahn, wir fahren mit der Eisenbahn, häng dich hinten an" gesungen werden. Ein Kind ist der Zugsführer und bewegt sich beliebig im Raum. Die übrigen stellen sich dahinter an und halten sich mit ihren Händen an den Schultern oder an der Hüfte des vorderen Kindes fest, der Zug kann seine Reise fortsetzen.

.... Kreisspiele ....

Rumpumpel macht eine Landpartie
(Kreis-/Anhängespiel)

mündlich überliefert

.... Eine besondere Tierrolle zugeteilt bekommen – Kette bilden und auflösen

1. Rum-pum-pel macht ei-ne Land-par-tie und trom-melt, wer will mit? Da kommt das Händ-chen Bell-ein-Stünd-chen, das will mit, ja das will mit. Tra-la tra-la-la, das will ger-ne mit. hin-ter-her.

2. ... Da kommt das Kätzchen Mietzemätzchen ...
3. ... Da kommt das Gänschen Wackelschwänzchen ...
4. ... Da kommt das Schweinchen Rosabeinchen ...
5. ... Da kommt das Häschen Schnuppernäschen ...
6. ... Da kommt der Bär Brummesehr, der will mit, ja der will mit.
7. ... Rumpumpel nimmt sie alle mit auf seine Landpartie!
   Da kommt die Jause, schnell nach Hause, erst das Hündchen Bell-ein-Stündchen, dann das Kätzchen Mietzemätzchen, dann das Gänschen Wackelschwänzchen, dann das Schweinchen Rosabeinchen, dann das Häschen Schnuppernäschen, dann der Bär Brummesehr, hinterher.

Tanzform

Alle stehen im Kreis, ein Kind spielt Rumpumpel, schlägt eine Trommel und geht im Kreis umher. Bei jeder Strophe wählt es ein Kind aus, welches als gerufenes Tier hinter ihm nachgehen darf. Bei der siebenten Strophe kehrt jedes genannte Tier wieder zurück in den Kreis. Die Wiederholungen erfolgen hierbei immer mit der Melodie des 5. und 6. Taktes.

Der kleine Mucki-Tucki-Zwerg

(Kreis-/Anhängespiel)

Renate Steiner

.... Anführen dürfen – Positives Gemeinschaftsgefühl ausdrücken

1. Der klei - ne Mu - cki - Tu - cki - Zwerg, der lebt am Tu - cki - Mu - cki - Berg, doch so al - lein mag er nicht sein, nein, nein, das ist nicht fein! Ref.: Tip - pel tap - pel, tipp tapp tapp, trip - pel trap - pel, tripp trapp trapp, drum holt er dich nun ab! Tip - pel - tap spa - zie - ren wir, trip - pel - trap mar - schie - ren wir berg - auf und berg - ab.

2. Der kleine Mucki-Tucki-Zwerg, der lebt am Tucki-Mucki-Berg, wie schön, dass wir zusammen sind, es freut sich jedes Kind.

Tanzform

Ein Kind, der Mucki-Tucki-Zwerg, deutet mit den Händen am Kopf eine Zipfelmütze an und geht im Kreis umher. Bei „drum holt er dich nun ab" sucht es sich ein anderes Kind aus. Dieses darf nun die Zwergen-Kette anführen. Die erste Strophe wird beliebig oft wiederholt, die Zwergen-Kette wird immer länger usw., bis alle Kinder mitmachen. Zum Abschluss wird die zweite Strophe gesungen: Aus der Zwergen-Kette einen Kreis bilden. Alle reichen einander die Hände und laufen in kleinen Schritten im Kreis herum.

Hinweis

Bei einer großen Anzahl von mitspielenden Kindern können auch mehrere Zwerge gleichzeitig von Beginn an lostrippeln. Auf diese Weise werden mehrere kürzere Zwergen-Ketten gleichzeitig gebildet, sodass alle Kinder rascher in das Spiel mit einbezogen werden.

Guten Morgen

Renate Steiner

(Kreisspiel)

.... Singen und Zählen – Zusammengehörigkeitsgefühl entwickeln

1. Gu-ten Mor-gen, gu-ten Mor-gen, wie vie-le Kin-der sind heut hier?
Gu-ten Mor-gen, gu-ten Mor-gen, wer zählt nun mit mir?

2. Guten Morgen, guten Morgen, *(passende Zahl einfügen)* Kinder sind heut hier.
Guten Morgen, guten Morgen, wer fehlt, sagt es mir?

Spielimpuls

Alle singen gemeinsam das Lied im Morgenkreis. Nach der ersten Strophe darf ein Kind reihum gehen und dabei alle anwesenden Kinder zählen. Bei der zweiten Strophe die Zahl der anwesenden Kinder einsetzen, anschließend gemeinsam überlegen, welche Kinder der Gruppe fehlen und aus welchem Grund?

Weiterführende Idee

In Englisch oder auch in einer anderen Sprache gemeinsam zu zählen versuchen.

Viele, viele Farben

Renate Steiner

(Kreisspiel/Farbentanz)

.... Farben erkennen – Lieblingsfarbe auswählen – Schwungübungen

1. Vie-le, vie-le Far-ben gibt es auf der Welt, ich nen-ne ei-ne,
die mir gut ge-fällt, die mir gut ge-fällt: „Rosa!" Je-der, der „Ro-sa" hat,
kommt schnell her-bei, wir dreh-en uns im Kreis her-um, juch-
heis-sa, juch-hei, heis-sa, juch-hei!

2. Viele, viele Farben gibt es auf der Welt,
   ich nenne eine, die mir gut gefällt: „Gelb!" *(Grün, Lila, Rot ...)*
   Jeder, der Gelb hat, kommt schnell herbei,
   wir drehen uns im Kreis herum,
   juchheißa, juchei!

Tanzform

Alle Kinder stehen im Kreis und halten ein Kreppband (Tuch, Luftballon, Papierfächer, Fähnchen ...) ihrer Lieblingsfarbe in der rechten Hand. Während alle singen, bewegt sich der Kreis im Uhrzeigersinn vorwärts, die Bänder schwingen sanft hin und her. Bei der genannten Farbe, z.B. „Rosa", treten alle Kinder, die ein Band mit gleicher Farbe in der Hand halten, in die Kreismitte und bewegen sich tänzerisch dazu. Danach kehren sie wieder an ihren Platz zurück, alle gehen gemeinsam im Kreis weiter, bis die nächste Farbe aufgerufen wird.

.... *Spiellieder* ....

Der heiße Tipp

Schwungübungen mit längeren Bändern sind für Kinder besonders faszinierend und fördern die Grobmotorik. Die rechte und die linke Hand sollen abwechselnd spielerisch zum Einsatz kommen bzw. auch beide Hände gleichzeitig. Der Tanz lässt sich gut variieren und ist bei Festen eine bezaubernde Darbietung für die Zuseher.

Spiellieder

Heute ist ein Festkonzert
(Spiellied)

Renate Steiner

.... Klanginstrumente akustisch vorstellen – Singen und Musizieren

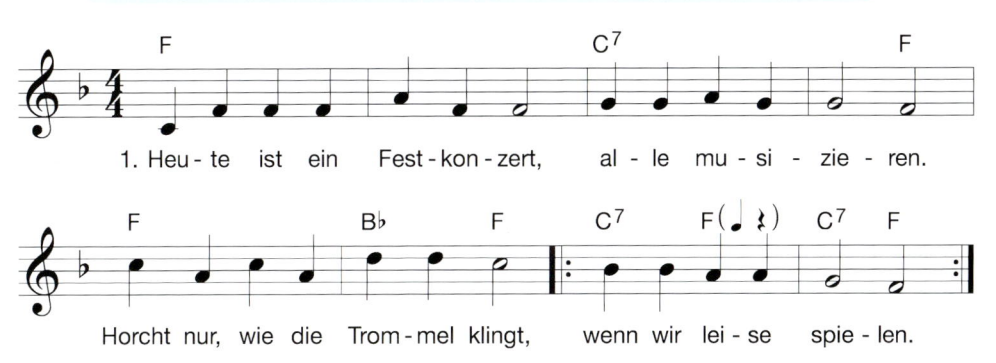

1. Heu - te ist ein Fest - kon - zert, al - le mu - si - zie - ren.
Horcht nur, wie die Trom - mel klingt, wenn wir lei - se spie - len.

2. Heute ist ein Festkonzert, alle musizieren.
   Horcht nur, wie der Triangel *(Rassel, Flöte, Pauke, Gitarre ...)*
   klingt, wenn wir laut *(langsam, schnell)* spielen.

Spielimpuls

Alle Kinder begleiten den Gesang mit unterschiedlichen Klanginstrumenten. Bei „Horcht nur, wie die Trommel klingt ..." darf das genannte Instrument Solo spielen. Das Lied ist eine schöne Darbietung bei Geburtstagsfeiern und Festen.

.... Spiellieder ....

Mein Luftballon
(Spiellied)

Renate Steiner

.... Singen und Spielen mit bunten Luftballons

Mit mei-nem Luft-bal-lon, da geh ich gern spa-zie-ren, mit mei-nem
Ich tupf ihn an und lass ihn im-mer wie-der flie-gen, ja denn beim

Luft-bal-lon, da hab ich gro-ßen Spaß!
Flie-gen hat auch er den meis-ten Spaß!

Lus-tig schwebt er durch die Lüf-te und er tanzt so wun-der-bar, und ich

sprin-ge vor Ver-gnü-gen und ich sin-ge la-la-la, sin-ge la-la-la!

Tanzform

Jedes Kind spaziert mit einem aufgeblasenen Luftballon im Kreis herum. Beim Refrain lassen alle Kinder ihren Ballon los, tupfen ihn mit dem Finger immer wieder an und lassen ihn fliegen. Bei der Wiederholung des Liedes den Luftballon abwechselnd mit Kopf oder Fuß hochspielen und fliegen lassen.

Weiterführende Ideen

- Die Kinder bilden Paare und transportieren den Luftballon zum Liedbeginn gemeinsam Rücken an Rücken (Kopf an Kopf, Bauch an Bauch) weiter. Beim Refrain spielen sich die Kinder den Luftballon gemeinsam mit der Hand (Kopf, Fuß) zu, dieser soll dabei nicht auf den Boden fallen.
- Die Kinder stellen sich um ein Schwungtuch herum auf und gehen mit diesem, während das Lied gesungen wird, im Kreis herum. Darauf befinden sich einige Luftballons, die vorerst nicht wegfliegen sollen. Beim Refrain halten die Kinder an und schwingen das Tuch auf und ab, sodass die Luftballons immer wieder hoch in die Luft fliegen, was den Kindern unendlichen Spaß bereitet. Das Lied eventuell so oft wiederholen, bis sich kein einziger Luftballon mehr auf dem Tuch befindet.

.... Spiellieder ....

Wir machen gerne Hausmusik
(Spiellied)

Renate Steiner

.... Mit Körpergeräuschen und einfachen Klanginstrumenten musizieren

Wir ma - chen ger - ne Haus - mu - sik, Haus - mu - sik, Haus - mu - sik,

und al - les klingt so froh!

Spielimpuls

Alle singen gemeinsam das Lied und untermalen es abwechselnd mit unterschiedlichen Körpergeräuschen (Klatschen, Patschen, Schnippen, Stampfen) oder mit einfachen Klanginstrumenten (Rassel, Trommel, Klanghölzer, Zimbel, Ratsche, Triangel, Xylophon). Die Kinder erleben eine breite musikalische Vielfalt und können spielerisch Klangexperimente durchführen.

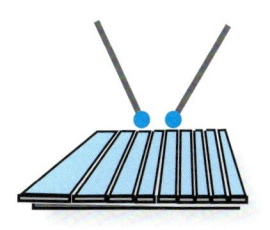

.... Spiellieder ....

Bimpel-Bampel-Hampelmann

Franz Steiner

(Spiellied/Tanztheater)

.... Hampelmannsprung einüben – Singen und Spielen

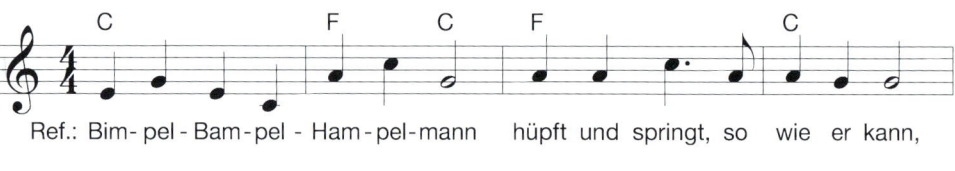

Ref.: Bim-pel-Bam-pel-Ham-pel-mann hüpft und springt, so wie er kann,
mit den Schnü-ren in der Hand tanzt er durch das Mär-chen-land.
Bim-pel-Bam-pel-Bam-pel-Bu, ich seh dir so ger-ne zu!

1. Klip-pe klap-pe, klip-pe-klapp, hüpft er von der Wand her-ab,
tanzt und springt auf ei-nem Bein, dreht sich nur bei Son-nen-schein.

2. Müde wackeln deine Hände,
   denn der Tanz ist nun zu Ende,
   schickst du uns die besten Grüße,
   sag, wo sind denn deine Füße?

3. Einmal hoch und einmal tief,
   einmal grad und einmal schief,
   muss der Bimpel-Bampel rasten,
   schläft er vor dem Kleiderkasten!

4. Ohne Faden, ohne Faden,
   sag, wer soll dich weitertragen?
   Füße, Hände und der Kopf,
   klappern wie der Suppentopf!

Tanzform

Beim Refrain zuerst Hampelmannsprünge machen, danach sich einmal rechts herum und dann links herum drehen. Alle weiteren Bewegungen zum Text passend fantasievoll ausführen.

Wobu-Dobu-Klirre-Klax

Franz Steiner

(Spiellied)

.... Ritterspiel aufführen – Schwertkampf imitieren

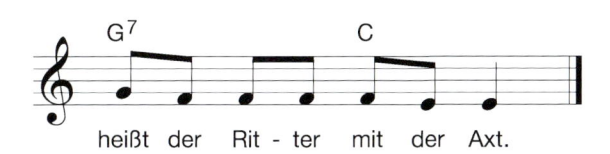

1. Schwer-ter klir-ren, Pfei-le schwir-ren, Rit-ter kämp-fen in der Schlacht,
Rit-ter kämp-fen in der Schlacht. Ref.: Wo-bu-Do-bu-Klir-re-Klax
heißt der Rit-ter mit der Axt. Wo-bu-Do-bu Klir-re-Klax
heißt der Rit-ter mit der Axt.

2. Seine Lanze hält er stolz, selbstgemacht aus Eichenholz!
3. Mutig steigt er auf das Pferd, hoppala – genau verkehrt!
4. Wozu kämpfen, wozu streiten, willst du auf den Hügel reiten!
5. Seine Rüstung aus Metall – hat schon Löcher überall!
6. Und sein Helm aus Pappkarton – fliegt ihm jetzt hui-hui davon!
7. Dieser Ritter mit viel Mut, ist das nicht ein kleiner Bub?
8. Armes Pferdchen, trab-trab-trab, bist doch nur ein Kinderrad, armes Pferdchen, trab, trab, trab, bleib doch einfach stehn!

Tanzform

Paarweise stellen sich die „Ritter" gegenüber auf. Als Schwert dient ein Holzstab, mit dem der Schwertkampf nachgeahmt wird (Holzstäbe abwechselnd rechts und links überkreuz zusammenschlagen). Die weiteren Bewegungen zum Text passend ausführen.

Regentropfen klopfen, klopfen

Franz Steiner

(Spiellied/Rückenmassage)

.... Zärtliche Berührungen wahrnehmen

Ref.: Re-gen-trop-fen klop-fen, klop-fen auf den bun-ten Re-gen-schirm,
Re-gen-trop-fen trop-fen, trop-fen mit-ten auf die Na-se!
1. Und dann lau-fen sie da-von, sie kit-zeln mei-ne Wan-ge,
und sie lan-den in der Pfüt-ze, das dau-ert nicht lan-ge!

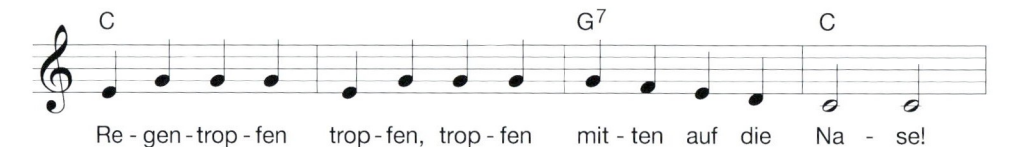

2. Hurtig schwimmen sie im Bächlein   *... mit Handfläche über Rücken*
zu den großen Flüssen,   *hin und her gleiten*
strampeln in das Meer hinein   *... leicht mit Fäusten auf dem Rücken*
mit unsichtbaren Füßen!   *klopfen*

3. Doch die Sonne zaubert sie   *... beide Handflächen auf Rücken legen*
wann immer in die Lüfte,   *und etwas fester andrücken*
und sie fallen aus den Wolken   *... gespreizte Finger vom Hals weg*
selten in die Wüste!   *über den Rücken ziehen*

4. Und dann laufe ich davon   *... mit Fingerspitzen im Zickzack über*
im Zickzack wie ein Hase,   *den Rücken fahren*
denn es regnet immer stärker   *... heftiges Fingertupfen am Rücken,*
auf die kalte Nase!   *mit dem Finger die Nase stupsen*

Anleitung

Die Kinder nehmen paarweise Aufstellung, der Rücken eines Kindes bildet die Spielfläche (Regenschirm). Es nimmt eine entspannte Position (sitzend, stehend, liegend, kniend) ein und schließt seine Augen. Das andere

.... Spiellieder ....

Kind bespielt zum Liedtext passend den Rücken. Zum Refrain passend tupft es mit den Fingern auf den Rücken und stellt das Regnen dar. Bei der ersten Strophe mit den Fingern über den Rücken laufen, die Wange leicht kitzeln, dann eine Pfütze auf dem Rücken aufzeichnen. Bei den weiteren Strophen die Bewegungen wie nebenstehend beschrieben ausführen. Das Lied ein zweites Mal wiederholen, dabei erfolgt ein Rollentausch zwischen „Masseur" und dem Kind, das die Rückenmassage genossen hat.

Weiterführende Idee

Es macht Groß und Klein Spaß, wenn bei einem festlichen Anlass die Eltern zum aktiven Mitmachen eingeladen werden! Durch den Körperkontakt vermittelt das Spiellied von den Regentropfen ein Gefühl von Nähe und Geborgenheit.

Der kleine lustige Mann
(Spiellied)

Renate Steiner

.... Rhythmische Bewegungsabfolgen beibehalten – Serialität

Kennt ihr schon den klei- nen Mann, der so lu-stig sin-gen kann,

heu - te ist er wie-der froh, schaut her, jetzt macht er so:

Spielimpuls

Nachdem das Lied einmal gesungen wurde, zeigt die Spielleiterin/der Spielleiter eine rhythmische Bewegung vor, die alle übernehmen und bei der Wiederholung des Liedes ausführen sollen (z.B. mit Fingern schnippen). Bei jeder Wiederholung wird eine neuer Bewegungsimpuls angereiht:

z.B. schnippen, klatschen
schnippen, klatschen, patschen,
schnippen, klatschen, patschen, stampfen usw.

Darüber hinaus können Tempo, Lautstärke und Tonlage verändert werden, sodass sich viele Spielmöglichkeiten variieren lassen.

Der braune Teddybär
(Spiellied)

Renate Steiner

.... Eine liebenswerte Spielfigur darstellen – Emotionalen Bezug schaffen

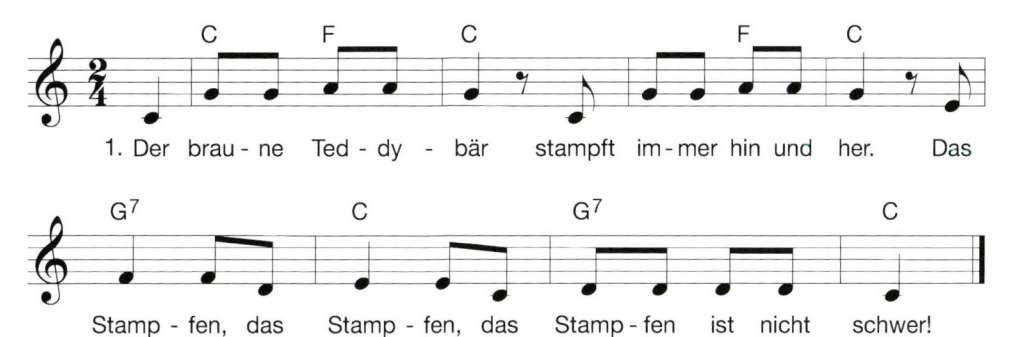

1. Der braune Teddybär stampft immer hin und her. Das Stampfen, das Stampfen, das Stampfen ist nicht schwer!

2. Der braune Teddybär
   springt immer hin und her,
   das Springen, das Springen,
   das Springen ist nicht schwer.

3. Der braune Teddybär
   rollt immer hin und her,
   das Rollen, das Rollen,
   das Rollen ist nicht schwer.

Tanzform

Jedes Kind imitiert einen Bären. Zum Text passend die verschiedenen Bewegungen darstellen.

Weiterführende Idee

Die Kinder bringen ihren eigenen Teddy von daheim mit und tanzen und spielen mit ihm. Welche Farbe oder Größe hat der Teddybär? Den Liedtext dazupassend abändern.

Der Ententanz
(Spiellied)

Renate Steiner

.... Freude am Nachahmen – Geborgenheit erleben

[Noten: C F G⁷ C / F C G⁷ C]

1. Ja, so geht der En-ten-tanz, wir wa-ckeln mit dem Po! Dann wat-scheln wir im Kreis he-rum und schnat-tern da-bei froh!

2. Qua-qua-qua-qua ...

Tanzform

Der Tanz eignet sich besonders für die Jüngsten. Die Spielleiterin (Entenmutter) führt den „Entenmarsch" an, die Kinder (Küken) stellen sich der Reihe nach dahinter auf.

Ja, so geht der Ententanz,	... die Hände ahmen die Flügel nach: mit Handflächen seitlich an den Körper schlagen
wir wackeln mit dem Po!	... mit dem Po wackeln
Dann watscheln wir im Kreis herum und schnattern dabei froh!	... Füße nach außen drehen, mit Watschelschritten im Kreis gehen

Bei der zweiten Strophe im Watschelschritt weitergehen, mit den Händen den schnatternden Entenschnabel darstellen.

Der heiße Tipp

Das pantomimische Darstellen ist oft ein wichtiger Bestandteil des Spielliedes. Durch das Hineinschlüpfen in eine andere Rolle erhalten Kinder die Gelegenheit, beliebte Figuren selber darzustellen. Dabei stehen sie gerne im Mittelpunkt des Geschehens, was eine wichtige Grunderfahrung ist und Selbstsicherheit verleiht sowie Anerkennung bringt.

Tänze

Alle wollen fröhlich sein
(Tanz)

Renate Steiner

.... Gefühle durch Gesang und Bewegung ausdrücken

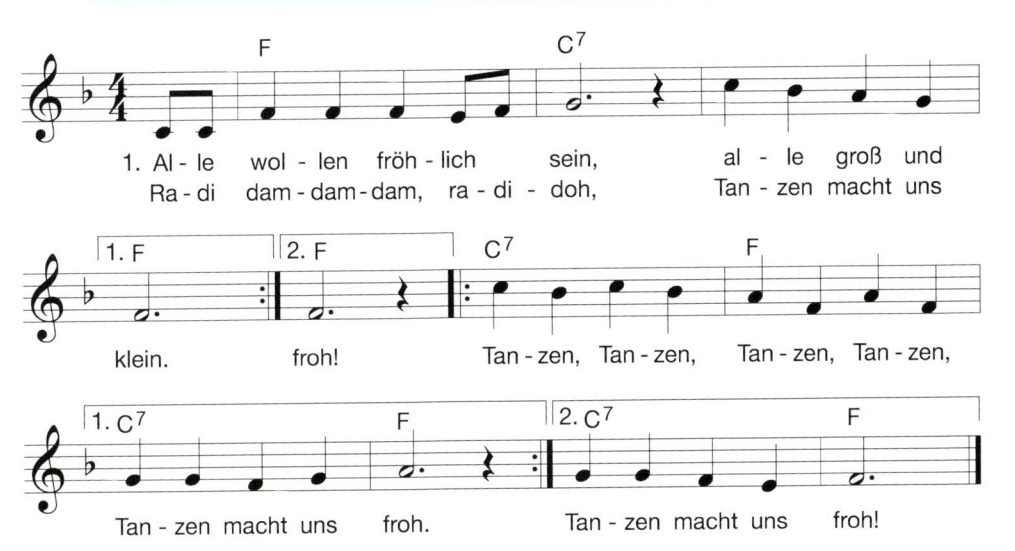

1. Al-le wol-len fröh-lich sein, al-le groß und klein.
   Ra-di dam-dam-dam, ra-di-doh, froh!
   Tan-zen, Tan-zen, Tan-zen, Tan-zen,
   Tan-zen macht uns froh.
   Tan-zen macht uns froh!

2. Alle wollen fröhlich sein, alle groß und klein.
   Radi-dam-dam-dam, radi-doh, Klatschen *(Stampfen, Patschen, Winken, Gehen, Schunkeln, Hüpfen, Flüstern usw.)*
   macht uns froh!
   Klatschen, Klatschen, Klatschen, Klatschen,
   Klatschen macht uns froh!

Tanzform

Alle Kinder bilden einen Kreis und reichen einander die Hände.

Alle wollen fröhlich sein,	... vier Schritte nach links gehen
alle groß und klein.	... vier Schritte nach rechts gehen
Radi	... beide Hände umkreisen einander
dam-dam-dam,	... abwechselnd stampfen
radi-doh,	... Arme überkreuzen und verbeugen
Tanzen macht uns froh!	... sich am Platz drehen

Bei den weiteren Strophen Bewegungen zum Text passend ausführen.

Kommt, macht mit
(Tanz)

Renate Steiner

.... Gemeinsam fit und fröhlich sein

1. „Kommt, macht mit beim Augenzwinker-, Augenzwinkertanz!", ruft der Franz. Ref.: Nun hoch das Bein und tief den Kopf und wackelt mit dem Bauch und klopft und klopft den Takt dazu.

2. „Kommt, macht mit beim Nasenwackel-, Nasenwackeltanz!" ...
3. „Kommt, macht mit beim Händeschüttel-, Händeschütteltanz!" ...
4. „Kommt, macht mit beim Fingerzappel-, Fingerzappeltanz!" ...
5. „Kommt, macht mit beim Kniezitter-, Kniezittertanz!" ...
6. „Kommt, macht mit beim Hüftkreise-, Hüftkreisetanz!" ...
7. „Kommt, macht mit beim Popowackel-, Popowackeltanz!" ...
8. „Kommt, macht mit beim Zehenspitzen-, Zehenspitzentanz!" ...
9. „Kommt, macht mit beim Schulterrüttel-, Schulterrütteltanz!" ...

Tanzform

Alle bilden einen Kreis und reichen einander die Hände. Der Tanz beginnt mit zwei Seit-Anstellschritten. Anschließend die genannten Körperteile zum Text passend bewegen. Beim Refrain ein Bein heben, danach in die Hocke gehen, mit dem Bauch wippen, zum Schluss in die Hände klatschen.

Hinweis

Bei einer sehr großen Teilnehmerzahl an Tänzerinnen und Tänzern mehrere unterschiedlich große Kreise bilden. So können alle aktiv mitmachen!

.... *Tänze* ....

Popolino, ja so heißt der Wackeltanz
(Tanz)

Renate Steiner

.... Freude am Sprachwitz – Lustbetonte Bewegungen

Ref.: Po-po, Po-po, Po-po-li-no, ja so heißt der Wa-ckel-tanz, Tanz!

1. Al-le ge-hen schnell im Krei-se, je-des Kind auf sei-ne Wei-se,
bis es heißt: Bleibt stehn!

2. Alle hüpfen *(laufen, tippeln, stampfen, schleichen, drehn sich)*
schnell im Kreise, jedes Kind auf seine Weise,
bis es heißt: Bleibt stehn!

Tanzform

Beim Refrain stehen alle Kinder und wackeln mit dem Po. Zu den verschiedenen Strophen die passenden Bewegungen ausführen. Mit dem Refrain den Tanz beenden.

Der heiße Tipp

Tanz steht immer in Verbindung mit Musik und Bewegung, die Sprache wird zum konkreten Erlebnis für Kinder. Bei Partys und Festen sind Tänze ein wichtiger Bestandteil und gelten oft als Hauptattraktion. Sie sind meist Stimmungsmacher und tragen besonders zur gemeinsamen Unterhaltung bei.

Patsch-klatsch-Tanz

Renate Steiner

(Tanz/Klatschspiel)

.... Miteinander Spaß haben – Handkoordination – Serialität

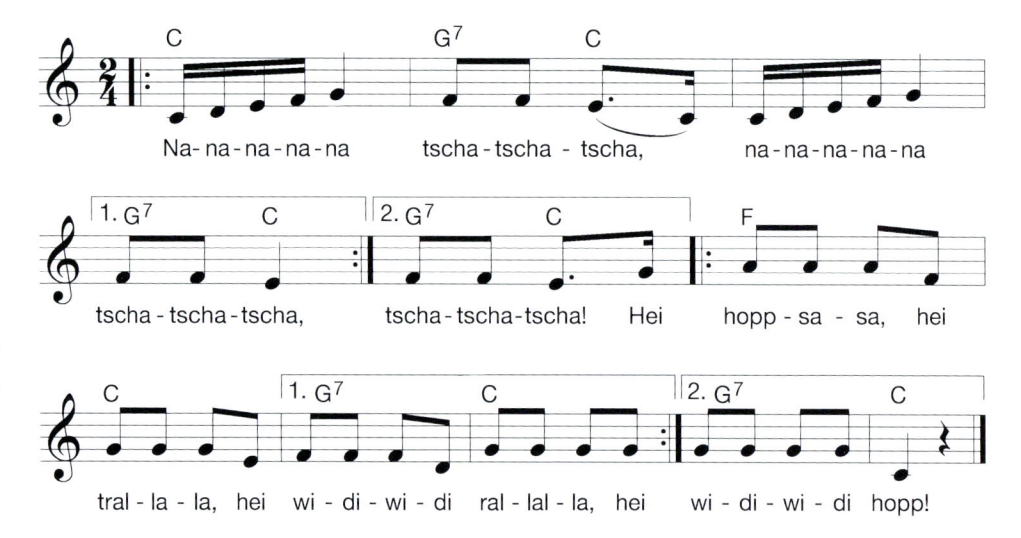

Na-na-na-na-na tscha-tscha-tscha, na-na-na-na-na tscha-tscha-tscha, tscha-tscha-tscha! Hei hopp-sa-sa, hei tral-la-la, hei wi-di-wi-di ral-lal-la, hei wi-di-wi-di hopp!

Tanzform

Die Kinder stellen sich paarweise mit Blick zueinander auf.

Na-na-na-na-na … mit den Händen abwechselnd auf Oberschenkel patschen
tscha-tscha-tscha … dreimal gleichzeitig mit beiden Händen in die des Partners klatschen
Hei hopp-sa-sa, hei tral-lal-la … … beide haken sich mit dem rechten Arm ein und hüpfen im Kreis, bei der Wiederholung die Richtung wechseln

Weiterführende Ideen

- Nach jeder Strophe einen neuen Tanzpartner suchen.
- Tanzen zu dritt im Kreis
  Seitlich gleichzeitig in die Hand des rechten und des linken Tanzpartners klatschen, danach händehaltend im Kreis hüpfen.
- Großer Kreistanz
  Alle stellen sich eng beisammen im Kreis auf, zuerst auf die eigenen Oberschenkel patschen, danach dreimal mit rechter Hand auf den linken Oberschenkel des rechten Nachbarn patschen. Anschließend erfolgt die Wiederholung mit dem linken Nachbarn.
  Bei „Hei hopp-sa-sa …" reichen sich alle die Hände und hüpfen im Kreis herum. Der Kreistanz löst sich in einen lustigen Schlangentanz auf und endet damit.

Wie ein Blatt im Wind

Renate Steiner

(Meditativer Tanz)

.... Sich entspannen – Kraft schöpfen – Positiv denken

Ref.: Wie ein Blatt im Wind wiegt sich je-des Kind,
wiegt sich Groß und Klein, ach, wie ist das fein!
Schauk-le hin und her, wie ein Schiff am Meer,
schauk-le durch die Nacht, bis der Tag er-wacht!

1. Dann spring mit mir, dann sing mit mir, wir freun uns auf den Tag, dann spring mit mir, dann sing mit mir, den je-der von uns mag!

2. Dann spring mit mir, dann sing mit mir, wir hüpfen hin und her,
dann spring mit mir, dann sing mit mir, das freut uns alle sehr!

3. Dann spring mit mir, dann sing mit mir, wir danken für den Tag,
dann spring mit mir, dann sing mit mir, der fröhlich enden mag!

Tanzform

Jedes Kind sucht sich eine Tanzpartnerin/einen Tanzpartner, die Paare stellen sich Rücken an Rücken mit leicht gegrätschten Beinen auf und fassen einander an den Händen. Beim Refrain wiegen sich beide im Takt sanft hin und her, man darf sich leicht aneinanderlehnen. Zum besseren Entspannen die Augen schließen. Bei jeder Strophe drehen sich die Paare zueinander, öffnen ihre Augen und reichen einander die Hände. Es folgt ein gemeinsames Hüpfen im Kreis mit Richtungswechsel.

Hand in Hand

(Meditativer Kreistanz)

Renate Steiner

.... Zusammenhalt der Gruppe spüren

1. Komm zu uns in den Kreis und wir gehen ganz leis.
Hand in Hand, Schritt für Schritt, jeder fühlt mit dem andren mit!

2. Und der Kreis schenkt uns Kraft, niemand wird hier ausgelacht.
Hand in Hand, Schritt für Schritt, jeder fühlt mit dem andren mit!

Tanzform

Alle stellen sich im Kreis auf und reichen einander die Hände.

Komm zu uns	... rechter Fuß macht einen Seitschritt, linken Fuß anstellen
in den Kreis	... rechter Fuß geht einen Schritt zurück, linken Fuß anstellen
und wir gehen	... rechter Fuß macht ein Seitschritt, linken Fuß anstellen
ganz leis.	... rechter Fuß geht einen Schritt zur Mitte, linken Fuß anstellen

Diese Schrittfolge während des Kreistanzes wiederholen. Das Lied selbst beliebig oft wiederholen, es klingt aus mit der ersten Zeile der ersten Strophe.

Weiterführende Idee

Das Tanzen mit geschlossenen Augen wird zum besonderen meditativen Erlebnis für alle Teilnehmerinnen und Teilnehmer.

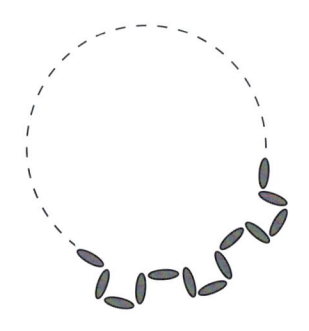

Wahrneh- mungsspiele

- Sehen
- Hören
- Riechen
- Schmecken
- Tasten und fühlen

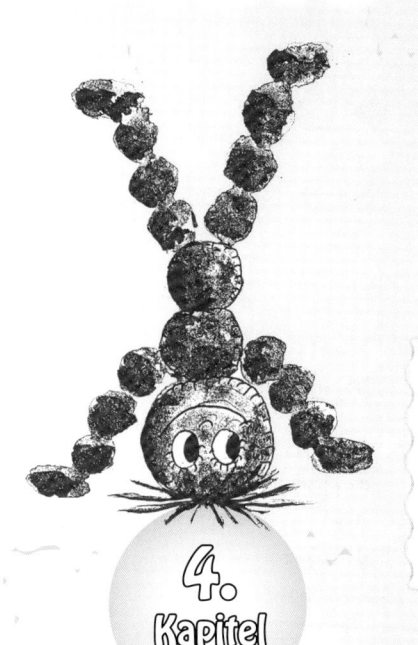

4. Kapitel

Wozu Wahrnehmungsspiele?

Wahrnehmungsspiele dienen besonders der ganzheitlichen Förderung der Sinneserfahrungen und helfen, die Sinne zu entfalten. Konzentration und Hinwendung auf bestimmte Sinnesbereiche verstärken die Wahrnehmungsfähigkeit. Auf eine ganz wunderbare Weise eröffnet sich die Welt für die Kinder, indem sie Neues entdecken, betrachten, verweilen und vertiefen können. Meist wirken diese Spiele beruhigend, auch hyperaktive Kinder sprechen gut auf sie an. Ziel ist es, für eine positive Gesamtentwicklung ein gutes Zusammenspiel aller Sinne anzuregen.

Sehen

Der Suchtrupp kommt!
(Optisches Wahrnehmungsspiel/Gruppenspiel)

.... Optische Differenzierung

Die Kinder sitzen im Kreis, ein Suchtrupp von zwei bis sechs Kindern verlässt kurz den Raum. Inzwischen wird ein Spielgegenstand so versteckt, dass er nur zu einem geringen Teil sichtbar ist. Der Suchtrupp wird durch Klatschen hereingerufen, wer den Spielgegenstand gesichtet hat, geht möglichst unauffällig daran vorbei und flüstert der Spielleiterin/dem Spielleiter den Fundort ins Ohr. Danach darf sich dieses Kind setzen, die anderen suchen noch weiter. Das letzte Kind darf den Gegenstand aus seinem Versteck holen.

Heute ist Modeschau
(Optisches Wahrnehmungsspiel/Gruppenspiel)

.... Förderung des optischen Gedächtnisses und der Differenzierung

Ein Kind der Gruppe geht aus dem Raum und verändert geringfügig etwas an seiner Kleidung (z.B. es streckt die Ärmel auf, öffnet einen Hemdknopf, vertauscht seine Hausschuhe, verdreht den Rock usw.). Sobald es in den Raum zurückkehrt, versuchen alle anderen zu erraten, was sich im Detail verändert hat.
Wer richtig geraten hat, darf als nächstes die Modeschau fortsetzen.

Schuhkönig
(Optisches Wahrnehmungsspiel/Wettspiel)

.... Paare bilden – Figurgrunddifferenzierung

Alle Kinder der Gruppe verteilen ihre Hausschuhe in der Kreismitte. Danach sitzen alle im Kreis. Vier Kinder, die sich am besten kreuzweise gegenüber sitzen, versuchen um die Wette, ein Paar Hausschuhe nach dem anderen richtig zu finden und vor dem eigenen Sessel aufzureihen. Wer die meisten Paare gefunden hat, wird Schuhkönig.

Maulwurf, komm heraus!
(Optisches Wahrnehmungsspiel/Gruppenspiel)

.... Schulung des optischen Gedächtnisses

Ein Kind schaut ein, während sich ein anderes zusammengekauert unter einer Decke versteckt (Maulwurfshügel). Nun soll das erste Kind erraten, welches Kind der Gruppe fehlt und den Maulwurf spielt. Hat es den richtigen Vornamen genannt, kommt der Maulwurf aus seinem Versteck heraus. Gelingt es dem Kind nicht, den Namen zu finden, darf es auch sagen: „Maulwurf, komm heraus und zeig mir deine Pfote!" Danach streckt das Kind unter der Decke eine Hand heraus. Wenn erforderlich, kann auch noch die Frage nach dem Bein hinzugefügt werden. Ist das Rätsel gelöst, erfolgt ein Rollentausch.

Der kleine Dirigent
(Optisches Wahrnehmungsspiel/Gruppenspiel mit Instrumenten)

.... Intermodalität – Zuordnen von optischen Signalen zu Lautstärken

Die Spielleiterin/Der Spielleiter hält einen Tütenkasperl (siehe Seite 98) in der Hand, er ist der kleine Dirigent. Alle mitspielenden Kinder haben ein Geräusch- oder Klanginstrument bei sich. Sobald der Kasperl ein Stück von sich zeigt, beginnen alle leise zu spielen. Je größer er wird, desto lauter darf musiziert werden, je kleiner er sich zeigt, desto leiser soll wieder gespielt werden.

Der heiße Tipp

Unter Intermodalität versteht man die Fähigkeit, Inhalte aus einem Sinnesgebiet mit Inhalten aus einem anderen Sinnesgebiet zu verknüpfen sowie sich die zugehörigen Verbindungen zwischen Gesehenem und Gehörtem zu merken. Für das Erlernen der Buchstaben ist dies für Kinder die Basis, um die Verbindung zwischen Zeichen und Laut herzustellen. Ohne diese Verbindung kann das Erlernen des Lesens und Schreibens mit großen Schwierigkeiten verbunden sein.

Zwei lustige Affen
(Optisches Wahrnehmungsspiel)

.... *Beobachten – Gesehenes spiegeln*

Zwei Kinder imitieren Affen. Einer beginnt mit einer Aktion, z.B. sich am Körper kratzen, der andere übernimmt sofort die Bewegungen und macht es ihm nach. Anschließend zeigt nun der zweite Affe eine neue Aktion, z.B. eine Banane schälen und essen. Das kopiert nun wieder das erste Äffchen usw.

Rastplätze aufsuchen
(Optisches Wahrnehmungsspiel/Gruppenspiel)

.... *Schulung der Serialität – Raumorientierung*

Alle Kinder stehen oder sitzen beliebig im Raum (Garten) verteilt. Die Spielleiterin/Der Spielleiter macht sich auf den Weg. Schon bald hält sie/er an einer markanten Stelle (Fenster, Türe, Papierkorb, Lichtschalter ...) an, rastet für einen kurzen Augenblick, bevor sie/er wieder weitergeht. Nachdem sie/er zwei bis vier Rastplätze in Anspruch genommen hat, versucht ein Kind der Gruppe, genau dieselbe Wegstrecke samt Rastplätzen nachzuvollziehen. Die übrigen Kinder überprüfen die Richtigkeit. Ein neuer Wanderer zieht los.

Bewegungs-Memory
(Optisches Wahrnehmungsspiel/Gruppenspiel)

.... *Optische Gliederung – Speicherung von Merkmalen*

Zwei Kinder der Gruppe gehen kurz aus dem Raum. Inzwischen stellen sich ca. zehn Kinder paarweise zusammen (fünf Paare). Jedes Paar denkt sich ein gemeinsames Zeichen aus, z.B. eine Kniebeuge, sich drehen, stampfen, auf die Stirne klopfen, Hampelmann-Sprung ...). Alle zehn Kinder laufen durcheinander und stellen sich einzeln verteilt im Raum auf. Die beiden wartenden Kinder werden hereingerufen. Eines von ihnen beginnt und tippt nun mit seinem Finger ein stehendes Kind an, das sein Zeichen vorzeigt. Wie beim Memory-Spiel soll nun der Ratende das zweite dazupassende Kind mit dem gleichen Bewegungszeichen finden. War keine Übereinstimmung, kommt das zweite ratende Kind an die Reihe. Bei einer Übereinstimmung stellt sich das Paar anschließend hinter das ratende Kind. Sieger ist, wer die meisten Paare gefunden hat.

.... Sehen ....

Hinweis

Das Bewegungs-Memory ist ein lustiges und interessantes Spiel für Eltern-Kind-Aktionen, wobei die Eltern die Rolle der Ratenden übernehmen.

Wer ist der Sportlehrer?
(Optisches Wahrnehmungsspiel/Pantomime-Gruppenspiel)

.... Fokussieren der Aufmerksamkeit

Ein Kind verlässt den Raum, es wartet vor der Tür. In der Zwischenzeit übernimmt ein anderes Kind der Gruppe die Rolle der Sportlehrerin/des Sportlehrers. Diese/Dieser ruft: „Achtung, fertig, los!" und zeigt verschiedene Übungen aneinandergereiht vor, z.B. am Platz laufen, anschließend springen, sich drehen, stampfen, boxen usw. Alle Kinder übernehmen stets die vorgezeigten Übungen. Das wartende Kind kommt nach dem Startruf herein. Es soll erraten, welches Kind der Gruppe die Sportlehrerin/der Sportlehrer ist. Diese/Dieser versucht den Bewegungswechsel möglichst dann zu machen, wenn das ratende Kind gerade woanders hinschaut.
Ist die Sportlehrerin/der Sportlehrer entdeckt, erfolgt ein Rollentausch.

Spielvarianten
- Wer ist der Musiklehrer? Verschiedene Instrumente pantomimisch spielen.
- Wer ist die Chefköchin? Tätigkeiten aus dem Küchenbereich zeigen.
- Wer ist der Polier? Tätigkeiten aus dem Baubereich nachahmen.

Streichholzbild legen
(Optisches Wahrnehmungsspiel/Tischspiel)

.... Optische Speicherung und Gliederung – Raumorientierung

Ein Kind gestaltet aus 6 bis 10 Streichhölzern ein fantasievolles Bild. Alle um den Tisch sitzenden Kinder dürfen das fertige Bild kurz betrachten, danach wird es mit einem Tuch abgedeckt. Es soll nun aus dem Gedächtnis von den Kindern identisch nachgelegt werden. Sind die Kopien der Bilder fertig, werden sie mit der Vorlage verglichen. Der Sieger/Die Siegerin der Runde darf ein neues Bild vorgeben.

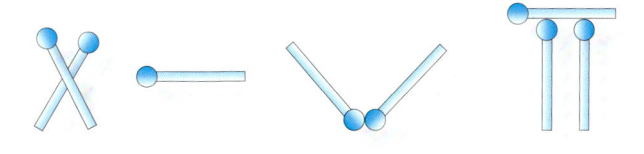

.... Sehen ....

Schultasche packen
(Optisches Wahrnehmungsspiel/Gruppenspiel)

.... Serialität – Merken einer Reihenfolge

Verschiedene Gegenstände liegen um eine Schultasche herum auf dem Boden verteilt. Ein Kind nach dem anderen wählt ein Ding aus und gibt es in die Schultasche hinein. Die Dinge sollen in der genau umgekehrten Reihenfolge von denselben Kindern wieder ausgepackt werden.

Namensreportage
(Optisches Wahrnehmungsspiel/Kennenlernspiel)

.... Intermodalität – Buchstaben herausfiltern und in Wörter umformen

Die Kinder bilden Paare. Jedes schreibt die Buchstaben seines Vornamens senkrecht in der Blattmitte untereinander auf. Danach tauschen die Kinder diese Blätter, eines beginnt und stellt Fragen, z.B. „Was spielst du am liebsten?" „Was isst du gerne?" „Hast du ein Haustier?" Die erhaltene Antwort soll nun vom Reporter zum Vornamen des befragten Kindes waagrecht dazugeschrieben werden. Dabei muss ein Buchstabe, ähnlich einem Kreuzworträtsel, in dem hinzugefügten Wort enthalten sein. Ist die Namensreportage komplett, erfolgt ein Rollenwechsel. Zum Schluss berichtet jeder Reporter und stellt somit das befragte Kind der gesamten Gruppe vor.

Hinweis

Das Spiel eignet sich für alle, die bereits schreiben können, zum besseren Einander-Kennenlernen. Es ist auch besonders für Elternabende sehr empfehlenswert!

```
BAL L
APFE L
HU N D
BLA U
```

Der heiße Tipp

Die meisten Sinneseindrücke, die wir täglich aufnehmen, sind Sehempfindungen. Für fast alle Menschen sind die Augen das Fenster zur Welt, was erst durch das wunderbare Zusammenspiel von Auge und Gehirn ermöglicht wird. Durch dieses Zusammenwirken können wir die Welt sehen, erkennen und somit auch deuten.

Hören

Rätselhafte Zeitungsgeräusche
(Akustisches Wahrnehmungsspiel/Ratespiel)

.... Fokussierung der Aufmerksamkeit – Figurgrunddifferenzierung

Vor den Augen der Kinder erzeugt die Spielleiterin/der Spielleiter mit einer Zeitung verschiedenste Geräusche: durch Zusammenfalten, Glattstreifen, Einrollen, Damit-Klopfen, Zerreißen usw. Mit geschlossenen Augen sollen die Kinder anschließend eines dieser Geräusche erneut wahrnehmen und der damit verbundenen Tätigkeit zuordnen. Zum Überprüfen der Richtigkeit versucht ein Kind der Gruppe anschließend, das Geräusch mit der Zeitung zu reproduzieren. Bei Übereinstimmung darf es das nächste Geräusch erzeugen.

Spielvarianten
- Das Geräusch-Ratespiel mit verschiedensten anderen Gegenständen (Kochtopf mit Kochlöffel, Steine, zwei Wassergläser ...) oder Instrumenten variieren.
- Mehrere unterschiedliche Geräusche aneinanderreihen. Gemeinsam sollen die Kinder versuchen, die Geräuschkette zu rekonstruieren.

Der heiße Tipp

Akustische Reize sind äußerst wichtig für die Entwicklung des Gehirns und der Sprache. Durch das Hören entwickelt sich parallel dazu auch die Lautbildung beim Kind weiter.

Wir hören Radio
(Akustisches Wahrnehmungsspiel/Ratespiel)

.... Akustische Differenzierung

Ein Kind übernimmt die Rolle eines Radiomoderators und denkt sich einen Satz, ein Gedicht oder Lied aus. Die Spielleiterin/Der Spielleiter flüstert nun dem Kind ins Ohr, wie es vortragen soll (laut, leise, schnell, langsam, lachend, weinend, Hochdeutsch, Dialekt). Die anderen Kinder hören aufmerksam zu, sie sollen erraten, wie der Moderator gesprochen oder gesungen hat. Wurde von einem Kind die richtige Antwort gefunden, darf es selber die nächste Radiomoderation durchführen.

Minka!
(Akustisches Wahrnehmungsspiel/Lauschspiel)

.... Fokussieren der Aufmerksamkeit – Richtungshören

Alle Kinder sitzen im Kreis. In der Mitte befindet sich ein Tisch. Ein Kind spielt den Blinden, ein anderes die Katze Minka. Beiden werden die Augen verbunden. Der Blinde hält sich am Tisch fest und tastet sich so voran. Dabei ruft er immer wieder: „Minka! Minka!" Die Katze versteckt sich vorerst unter dem Tisch, miaut immer wieder und schleicht unter dem Tisch umher. Der Blinde versucht dem Miauen zu folgen, um die Katze zu fangen.

Der Zauberer Krabumm
(Akustisches Wahrnehmungsspiel)

.... Heraushören eines bestimmten Wortes – Figurgrunddifferenzierung

Ein Kind der Gruppe verlässt kurz den Raum. Inzwischen übernimmt ein anderes die Rolle des Zauberers Krabumm. Das wieder hereingeholte Kind soll nun den geheimen Zauberer unter allen anderen Kindern ausfindig machen. Die Kinder spazieren herum und flüstern dabei ihren eigenen Namen vor sich hin. Auch der Zauberer nennt seinen und sagt immer wieder leise: „Krabumm". Sobald das suchende Kind dessen Namen gehört hat, begrüßt es den Zauberer mit einer Umarmung. Die Rollen tauschen, das Spiel beliebig lange fortführen.

Unser Kindergarten (Unsere Schule)
(Akustisches Wahrnehmungsspiel)

.... Akustische Speicherung – Serialität

Die Kinder sitzen im Kreis. Die Spielleiterin/Der Spielleiter nennt einen Satz, z.B. „Im Kindergarten ist eine Puppe." Das daneben sitzende Kind wiederholt den Satz und fügt einen Gegenstand an, z.B. „Im Kindergarten ist eine Puppe und ein Lastauto." Reihum wiederholt jedes Kind den Satz des

Vorgängers und fügt noch einen Gegenstand hinzu. Irrt sich ein Kind bei der Aufzählung, gibt es ein Pfand her oder scheidet aus der Spielrunde aus. Wer wiederholt den längsten Satz? Am Ende der Spielrunde erfolgt ein lustiges Pfänderauslösen.

Das Gespenst geht um
(Akustisches Wahrnehmungsspiel/Gruppenspiel)

.... Förderung der akustischen Aufmerksamkeit – Richtungshören

Alle Kinder stehen mit geschlossenen Augen im Kreis. Ein Kind ist außerhalb des Kreises, es ist das Gespenst, das um den Kreis herumschleicht. Nach kurzer Zeit bleibt es hinter einem Kind stehen. Hat ein Kind das Gefühl, dass das Gespenst hinter ihm steht, spricht es: „Alles ist nun stumm, Gespenst heule oder ich dreh mich um!" Daraufhin heult das Gespenst auf: „Huuu!" und klopft dem fragenden Kind auf die Schulter. War die Vermutung richtig, erfolgt ein Rollentausch. Hat sich das Kind geirrt, schleicht das Gespenst abermals weiter und spukt herum.

Händeklopfen
(Akustisches Wahrnehmungsspiel/Reaktionsspiel)

.... Umsetzen von akustischen Signalen – Aktivieren beider Gehirnhälften

Alle Kinder knien, die Hände liegen immer überkreuz mit denen des jeweiligen Nachbarn auf dem Boden. Im Uhrzeigersinn klopft eines nach dem anderen einmal mit jeder Hand auf den Boden. Wird von einem Kind jedoch zweimal hintereinander mit der gleichen Hand geklopft, erfolgt ein sofortiger Richtungswechsel. Das Spieltempo beliebig steigern. Wer sich irrt, scheidet aus der Runde aus.

Für wen soll ich kochen?
(Akustisches Wahrnehmungsspiel/Ratespiel)

.... Aufmerksames Hören – Wiedererkennen von bekannten Stimmen

In der Mitte steht der „Koch" mit geschlossenen Augen. Um ihn bilden die Kinder einen Kreis und reichen einen Kochlöffel reihum weiter, bis der Koch „Halt" ruft. Das Kind, welches den Kochlöffel soeben in der Hand hält, nennt seine Lieblingsspeise. Der Koch muss nun erraten, wessen Lieblingsspeise es ist. Errät er den Namen des Kindes, erfolgt ein Rollentausch. War der Name nicht richtig, wandert der Kochlöffel in beliebiger Richtung von Kind zu Kind weiter. Der Koch muss erneut sein Glück versuchen.

Klingender Garten
(Akustisches Wahrnehmungsspiel)

.... Schulung des akustischen Gedächtnisses – Serialität

Fünf bis zehn Kinder stehen verteilt im Raum (Garten), jedes hat ein Instrument bei sich (Trommel, Rasselbüchse, Triangel ...). Ein Kind schließt die Augen und horcht, welches Instrument erklingt. Danach öffnet es seine Augen und geht zu diesem Instrument hin. Hat es richtig geraten, darf es das Instrument an sich nehmen, es erfolgt ein Rollentausch.

Spielvariante
Zwei oder mehrere Stationen werden hintereinander zum Klingen gebracht und müssen der Reihe nach aufgesucht werden.

4 Riechen

Duftende Schmusepuppe
(Bastelidee)

.... Bezaubernde Düfte bewusst wahrnehmen

Material
Taschentuch (Kopftuch), Parfum (Rasierwasser)

Anleitung
Mit einer Ecke des Taschentuchs (Kopftuchs) einen Knoten binden, so entsteht eine ganz einfache Puppe. Einige Tropfen von Mamas Parfum oder Papas Rasierwasser auf das Tuch träufeln. Vielleicht wird es dadurch zum Lieblings-Schmusepüppchen, wenn die Eltern abends ausgehen, oder zum „Tröstinchen", das auch so manche Tränen trocknen kann?

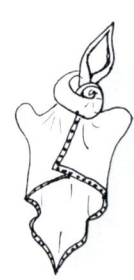

Riechkugel-Memoryspiel
(Bastelidee/Spiel)

> .... Duftnoten differenzieren – Förderung des emotionalen Gedächtnisses

Material
Unlackierte kleine Holzkugeln (Watte), 3 bis 8 verschiedene Duftöle, Gläser mit Schraubverschlüssen

Anleitung
Auf die Holzkugel einige Tropfen eines Duftöls geben, diese in ein Glasgefäß legen und mit Deckel verschließen. Das Duftöl zieht rasch in das Holz ein. Für ein Riechkugel-Memoryspiel benötigt man von jeder Duftnote zwei gleiche Riechkugeln und verteilt diese in einzelne Gläser. Durch das Riechen versuchen die Kinder gleiche Duft-Paare zu bilden. Zur Kontrolle kann auf der Unterseite des Gefäßes der Name des Duftes (Zitrone, Orange, Lavendel ...) notiert werden. Zum Spielende die Glasgefäße gut verschließen. Dadurch bleibt der Duft über lange Zeit erhalten.

Schnüffelnase
(Riech-Quiz)

> .... Gerüche wiedererkennen und zuordnen

Einige Gewürze (Kräuter, Tees) in kleine Gläser füllen und zum Riechen und Kennenlernen reihum an die Kinder weiterreichen. Danach alle in die Mitte stellen. Die Spielleiterin/Der Spielleiter wählt ein Glas davon aus und lässt ein Kind, das zuvor die Augen schließt, daran riechen. Das Kind versucht den Duft richtig zu benennen. Wer hat die beste Schnüffelnase der Gruppe?

Das Parfum auf deiner Hand
(Riechspiel)

> .... Angenehmen Geruch wahrnehmen – Düfte stimulieren

Ein Kind verlässt den Raum. Drei bis sechs Kinder stellen sich in einer Reihe nebeneinander auf. Nur ein Kind davon bekommt Parfum auf die Hand. Das wartende Kind wird hereingeholt und darf an jeder Hand riechen. Welche Hand duftet? Hat es diese gefunden, erfolgt ein Rollentausch. Das Spiel wird so oft wiederholt, bis alle Kinder eine nach Parfum duftende Hand haben.

Riecht wirklich alles gut?
(Riechspiel)

.... Duftnoten differenzieren – Unangenehmen Geruch herausfinden

Unter mehreren Geruchsproben (Obst, Gemüse, Kräuter, Gewürze, Tees ...), die einem Kind mit geschlossenen Augen zum Riechen angeboten werden, befindet sich eine, die keinen wirklich angenehmen Geruch verbreitet (Pfeffer, Käse, Essig ...). Findet das Kind diese heraus?

Hinweis

Das Ergebnis kann in jeder Spielrunde sehr unterschiedlich ausfallen, da die Geruchsempfindung individuell geprägt ist.

Wer kennt viele Gerüche?
(Riechspiel)

.... Gerüche wahrnehmen und merken – Gedächtnis-Training – Serialität

Etwa zehn Duftproben (Gewürze, Obst, Gemüse, Tees, Parfums, Seife, Schuhpaste, Klebstoff ...) werden vorbereitet und auf den Tisch gestellt. Mit geschlossenen (verbundenen) Augen erhält ein Kind drei davon zum Riechen. Das Kind öffnet die Augen, es soll aus der dargebotenen Menge die drei Gerüche herausfinden und richtig benennen. Schwieriger wird es, wenn auch die Reihenfolge übereinstimmen soll und die Anzahl der Riechproben gesteigert wird. Der Tagessieger wird Duftkönig. Er darf sich ein Parfum auf seine Haut geben.

Der heiße Tipp

Riechen wird durch das Einatmen der Luft ermöglicht. Am besten riecht man, wenn man die Luft durch schnelle Atemzüge (Schnüffeln wie ein Hund) in die Nase einzieht. Das Geruchsorgan (Sinneszellen) wird aktiviert, dieses leitet den Reiz an das Gehirn weiter, erst danach kann man den Geruch wahrnehmen und auch wiedererkennen. Viele unserer Eindrücke und Erinnerungen sind vom Geruchssinn geprägt und lösen unterschiedliche Gefühle in uns aus (Wald, Fischmarkt, Hallenbad, Zahnarztordination, Meeresluft ...), die uns oft ein Leben lang begleiten.

Schmecken

Der größte Feinspitz
(Geschmacks-Kimspiel)

.... Geschmacksrichtungen wahrnehmen – Nahrungsmittel unterscheiden

Man bereitet verschiedene Kostproben von optisch ähnlichen Dingen, aber nicht denselben, auf einzelnen Tellern vor (z.B. unterschiedliche Apfel-, Birnen-, Brot-, Kräuter-, Nuss-, Schokolade-Sorten ...). Nicht alle schmecken immer gleich! So ist ein Apfel süß, ein anderer säuerlich. Der Feinspitz darf so lange probieren, bis er seine Lieblingssorte herausgefunden hat. Zum Neutralisieren zwischendurch Wasser trinken.

Spielvarianten
- Der Feinspitz soll aus verschiedenen Geschmackskostproben eine herausfinden, die z.B. salzig (süß, sauer, bitter) schmeckt.
- Der „blinde" Feinspitz darf mehrere Kostproben nacheinander verspeisen oder Getränke kosten. Danach soll er diese der Reihe nach richtig benennen.
- Der „blinde" Feinspitz erhält eine Kostprobe, z.B. eine Karotte. Wie lautet der dazugehörige Oberbegriff (z.B. Gemüse)?

Der heiße Tipp

Gleiche Speisen und Getränke können unterschiedlich gut oder schlecht schmecken. Beeinflusst wird der Geschmack dabei durch das Aussehen, den Geruch, die Temperatur oder die Konsistenz (hart, weich, flüssig ...). Auch die Umgebung sowie die Esskultur können eine prägende Wirkung haben. Durch abwechslungsreiches Essen werden die Geschmacksempfindungen ständig weiter verfeinert.

.... Schmecken ....

Was isst du, kleine Naschkatze?
(Geschmacks-Kimspiel)

.... Essen und schmecken – Speisen wiedererkennen und benennen

Die Spielleiterin/Der Spielleiter bereitet von verschiedenen Speisen (Brot, Käse, Wurst, Obst, Gemüse, Nüsse ...) kleine Häppchen vor. Ein Kind schließt seine Augen und erhält eine Kostprobe. Dazu folgt die Frage: „Naschkatze, was isst du?" Das Kind soll nun am Geschmack erkennen, was es zu essen bekommen hat.

Limonaden-Gourmet
(Geschmacks-Kimspiel)

.... Fokussierung der Aufmerksamkeit – Geschmackssinn verfeinern

Mineralwasser in einzelne Gläser füllen und mit verschiedenen Lebensmittelfarben farblich verändern. Unter diesen befindet sich ein echter Limonadensprudel. Der Limonaden-Gourmet soll diesen herausschmecken.

Getränke-Lotto
(Geschmacks-Kimspiel)

.... Charakteristische Merkmale geschmacklich zuordnen können

Getränke (Obst-Gemüsesäfte, Tees, Milch) als Kostproben in kleine Gläser füllen. Nach dem Trinken soll das Glas zu dem Stück Obst (Gemüse, Kräuter ...) bzw. zu einem passenden Bildkärtchen gestellt werden, je nachdem, woraus das Getränk hergestellt wurde, z.B. Apfel – Apfelsaft, Tomate – Tomatensaft, Milch – Kuh, Kamille – Kamillentee, Kaffeebohne – Kaffee.

Tasten und fühlen

Rühre, rühre, klopf, klopf, klopf
(Tastspiel)

.... Dinge begreifen – Fokussierung der Aufmerksamkeit im taktilen Bereich

In einen großen Kochtopf legt die Spielleiterin/der Spielleiter heimlich einen Gegenstand (Kartoffel, Apfel, Karotte, Knoblauch ...) hinein und gibt darauf einen Deckel (Tuch). Ein Kind der Gruppe wird zur Köchin/zum Koch ernannt, es stellt sich vor den Kochtopf und erhält einen Kochlöffel. Mit geschlossenen Augen rührt das Kind mit dem Kochlöffel im Topf herum und spricht dabei: „Rühre, rühre, klopf, klopf, klopf, was befindet sich im Topf?" Danach soll es blind mit beiden Händen den Gegenstand im Topf ertasten, diesen benennen und den anderen Kindern zeigen. Hat es den Gegenstand richtig benannt, darf es den Kochlöffel an ein anderes Kind weiterreichen.

Schatzsuche
(Tastspiel)

.... Sensibilisierung der Hände und Füße

Ein langes Seil im Raum (Wiese) beliebig auflegen. Ein „Blinder" kniet nieder und tastet sich mit den Händen das Seil entlang, bis er zu einer „Schatzkiste" gelangt. In dieser befindet sich ein Schatz (Ring, Kugel, Muschel, Stein ...). Der Blinde soll den Schatz ertasten.

Spielvariante
Der Blinde geht auf einem Seil. Er tastet sich mit den Füßen voran, bis er an die Schatzkiste gelangt.

Entdeckungsreise
(Tastspiel)

.... Taktile Speicherung

Die Kinder gehen paarweise zusammen, eines übernimmt die Führung und spaziert mit dem zweiten Kind, das die Augen geschlossen hat, achtsam durch den Raum (Garten). Nach kurzer Zeit halten sie an, das „blinde" Kind soll einen Gegenstand ertasten (Türschnalle, Fensterscheibe, Papierkorb ...) und diesen benennen. Zur Kontrolle darf es anschließend seine Augen öffnen. Danach erfolgt ein Rollentausch, die Entdeckungsreise wird fortgesetzt.

Spielvariante

Während der Entdeckungsreise sollen drei unterschiedliche Dinge nacheinander ertastet werden, ohne dass dazwischen die Augen geöffnet werden. Am Ende der Reise versucht der Blinde, die ertasteten Dinge der Reihe nach aufzuzählen. Mit offenen Augen kann er nun die Strecke selber nachvollziehen.

Packesel
(Tastspiel)

.... Greifen und Ertasten intensivieren

Ein Kind spielt den „Packesel". Diesem werden die Augen verbunden und es wird ihm ein Rucksack aufgepackt. Langsam geht er auf allen vieren, ein Eseltreiber begleitet ihn. Immer wieder hält der Eseltreiber an und gibt dem Esel jeweils einen Gegenstand zum Ertasten in die Hand (Stein, Laubblatt, Gras, Ast, Nuss, Apfel, Moos usw.). All die Dinge, die der Esel nicht richtig benennen kann, werden ihm in den Rucksack gepackt.
Welchem „Esel" gelingt es, ohne eine Last tragen zu müssen, durch das Spiel zu kommen?

Zeichenkopie weitergeben
(Fühlspiel)

.... Tastempfindungen im Rückenbereich wahrnehmen

Die Kinder stellen sich im Gänsemarsch hintereinander auf. Die Spielleiterin/ Der Spielleiter steht zu Beginn des Spieles als Letzte/Letzter und zeichnet mit dem Finger auf den Rücken des davor stehenden Kindes eine einfache Figur (Kreis, Stern, hoher Berg ...) oder für Schulkinder einen Buchstaben (Ziffer). Das Kind, auf dessen Rücken gezeichnet wird, versucht die Figur zu erspüren und überträgt diese weiter auf den Rücken des nächsten Kindes. Der/Die Erste der Reihe zeichnet auf ein Blatt Papier die Figur auf, die bei ihm/ihr angekommen ist. Gemeinsam die Richtigkeit feststellen. Der/Die Vorderste reiht sich hinten an, das Spiel wird fortgesetzt.

.... Tasten und fühlen ....

Das geheime Versteck
(Tastspiel)

.... Förderung der Grobmotorik – Taktile Wahrnehmungsübung

Die Spielleiterin/Der Spielleiter füllt eine Kiste (Sack) voll mit Schaumstoffteilen (Verpackungs-Füllmaterial). Geheim versteckt sie/er darin einen besonderen Gegenstand (Kugel, Teddybär, Kette ...). Ein Kind darf sich auf die Suche begeben, es darf einmal richtig darin wühlen und fühlen. Wer findet das Ding?

Tastkette
(Tastspiel)

.... Sensibilisierung der Hände – Tasterlebnis schaffen

Die Kinder sitzen im Kreis nebeneinander, die Hände haben sie hinter dem Rücken. Reihum geben sie Dinge weiter, die sie wiedererkennen sollen (Watte, nasser Schwamm, Radiergummi, Zahnbürste, Löffel, Papiertaschentuch ...). Dabei wird nicht gesprochen. Sobald alle Gegenstände den Kreis durchlaufen haben, verschwinden sie unter einer Decke. Gemeinsam versuchen die Kinder, die einzelnen Dinge der Reihe nach aufzuzählen. Am Ende wird das Ergebnis von allen durch Nachschauen kontrolliert.

Der heiße Tipp

Über die Haut, in der sich die Sinneszellen befinden, kann ein Kind tasten, fühlen und empfinden. Es erkennt nicht nur das Objekt selber, es kann auch seine Beschaffenheit feststellen, z.B., dass der Löffel aus Metall ist, und wie es sich anfühlt, z.B. warm, kalt usw. Durch spielerische Erfahrungen kommt es zu einer Verfeinerung des Sinnesorganes.

Das künstlerische Duplikat
(Tastspiel)

.... Förderung der taktilen Wahrnehmung – Reproduzieren

Die Kinder bilden Dreiergruppen. Ein Kind spielt die Künstlerin/den Künstler, eines ist der Ton und eines ist die Statue. Ersteres Kind tastet blind die „Statue" ab (dieses Kind hat zuvor eine kunstvolle Position eingenommen), sie/er versucht aus dem „Ton" ein Duplikat anzufertigen. Am Ende das Ergebnis bestaunen, die Rollen wechseln.

Vögel auf dem Dach
(Fühlspiel)

> .... Tastempfindungen am Kopf wahrnehmen – Zahlenbegriff 1–5 erfassen

Ein Kind schaut ein, ein anderes drückt beliebig viele Finger seiner Hand auf dessen Kopf und fragt: „Wie viele Vögel sitzen auf dem Dach?" Das einschauende Kind hat die Frage mithilfe seiner Wahrnehmung zu beantworten. Wurde die Anzahl richtig erraten, erfolgt ein Rollentausch.

Roboter
(Fühlspiel)

> .... Tastempfindung ganzkörperlich wahrnehmen – Reaktion zeigen

Ein Kind verlässt für kurze Zeit den Raum. Ein anderes steht bewegungslos als „Roboter" im Raum. Gemeinsam vereinbaren die Kinder einen markanten Punkt am Körper (Nasenspitze, rechtes Ohr, linke Hand, Bauchnabel, rechte Zehenspitze ...), durch dessen Berührung der Roboter zu gehen oder zu sprechen beginnt. Das vor der Tür wartende Kind wird hereingerufen und soll nun diesen Punkt (Schalter) ertasten. Was wird wohl der Roboter sagen?

Wie wird das Wetter?
(Fühlspiel)

> .... Impulse zur Förderung der taktilen Differenzierungsfähigkeit

Die Kinder gehen paarweise zusammen, eines bespielt den Rücken des anderen und macht mit den Fingern eine beliebige Wetterprognose: Es tröpfelt (einzelne Finger tupfen am Rücken), es regnet (alle Finger tupfen), es schüttet (starkes Auftupfen), es donnert (mit beiden Fäusten), es blitzt (Zeichen für Blitz mit Finger am Rücken darstellen), es scheint die Sonne (beide Handflächen am Rücken auflegen, durch den Druck entsteht ein Wärmegefühl). Wurde die Wetterprognose richtig gedeutet, erfolgt ein Rollentausch.

Phänomenale Spiele

- Optische Phänomene
- Akustische Phänomene
- Mechanisch- technische Phänomene
- Phänomene, die durch Wasser, Luft und Licht entstehen

5. Kapitel

Wozu phänomenale Spiele?

Phänomenale Spiele sind besonders faszinierend und regen Groß und Klein zum aktiven Tun an. Kinder wollen schauen, horchen, beobachten und experimentieren, um die Ursachen des jeweiligen Phänomens zu erforschen. Dabei entdecken sie spielerisch erste physikalische Zusammenhänge und erfreuen sich an der Wiederholungsmöglichkeit. Allzu gerne lassen sie sich verzaubern, konzentriertes und besonnenes Wahrnehmen ohne Leistungsdruck stehen hierbei im Mittelpunkt. Daher sind phänomenale Spiele auch für das Arbeiten im Behindertenbereich sehr gut geeignet und zu empfehlen.

Optische Phänomene

Farbkreisel aus Bieruntersatz
(Bastelidee/Geschicklichkeitsspiel)

.... Kreatives Gestalten – Feinmotorik – Farbenspiel beobachten

Material
Bieruntersatz, Kopierpapier, Malstifte, Schere, Klebstoff, Holzperlen, Schleifpapier

Anleitung
Beliebige kleine Mandala-Bilder selbst zeichnen oder von Vorlagen kopieren, diese bemalen und passend zugeschnitten beidseitig auf einem Bieruntersatz festkleben. Auf einem Stück Schleifpapier zwei Holzperlen leicht flach abschleifen. Danach diese jeweils an der Ober- und Unterseite des Bieruntersatzes auf den Kreismittelpunkt kleben. Sobald der Klebstoff trocken ist, kann der Kreisel gedreht werden. Er bereitet auch als kleines Geschenk bei Kindergeburtstagen oder bei einer Party immer wieder viel Freude.

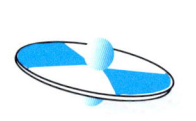

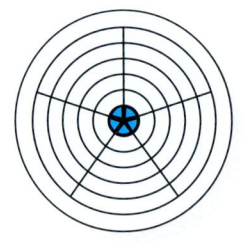

Weiterführende Idee
Auf einen bunt bemalten Kartonkreis steckt man einen ca. 6 cm langen Rundholzstab und lässt diesen auf dem Tisch oder Boden tanzen.

Der heiße Tipp

Die meisten optischen Phänomene haben eine farbenprächtige Wirkung und lassen oft auch neue Farben durch das Drehen des Kreisels für das Auge sichtbar werden. Je mehr runde, aber auch eckige Farbkreisel einem zur Verfügung stehen, desto mehr kann man mit diesen auch experimentieren.

Nei-Nei
(Bastelidee/Geschicklichkeitsspiel)

.... Handkoordinationsübung – Feinmotorik

Material
Karton, Filzstifte, Zwirn, Nähnadel, Schere, Klebstoff

Anleitung
Die Kinder gestalten kleine Mandalas (Kreisbilder, Ø ca. 3 cm). Diese bunt anmalen und auf passend zugeschnittene runde Kartons beidseitig aufkleben. Mit der Nähnadel vorsichtig zwei Löcher in der Mitte der Scheibe stechen (siehe Abb.), den Faden hindurchziehen und die Fadenenden gut miteinander verknoten. Die Fadenschlaufen mit beiden Händen festhalten, die Scheibe durch Schwingen zum Rotieren bringen. Anschließend den Faden spannen, dabei die Scheibe genau betrachten.

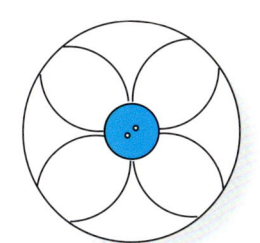

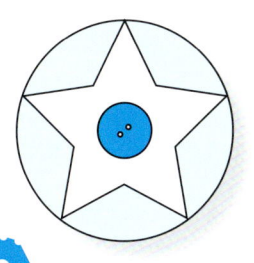

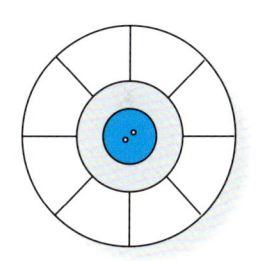

Der heiße Tipp

Durch das schnelle Drehen werden wie beim Kreisel Farbüberlagerungen und optische Effekte sichtbar. So erscheint plötzlich während des Drehens eine gelb und blau bemalte Scheibe grün. Gelb und Rot ergibt Orange. Rot und Blau wird zu Violett. Aus Weiß und Schwarz entsteht Grau.

Taschenlampen, die bunt leuchten
(Bastelidee/Reaktionsspiel)

.... Farbexperiment – Optische Wahrnehmung

Material
Taschenlampen, bunte Transparentfolien, Schere, Tixo

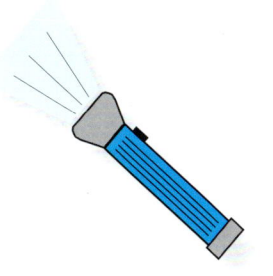

Anleitung

Unterschiedlich farbige Transparentfolien passend zuschneiden und den Lichtkegel damit abdecken oder mit Tixo überkleben. In einem verdunkelten Raum damit an die Wand bzw. Decke leuchten und den Lichtstrahl dort tanzen lassen. Mit Musik das Lichtspiel untermalen.

Weiterführende Idee

Die Kinder tauschen die Taschenlampen untereinander aus. Auf das Kommando: „Lampen an!" knipsen alle diese an und richten den Lichtkegel gegen die Decke. Kein Kind weiß zunächst, welche Lampenfarbe es beim Tausch bekommen hat. Darauf folgt ein neues Kommando, z.B. „Rot fängt Blau!" Sobald es einem Kind geglückt ist, mit seinem roten Lichtkegel einen blauen zu fangen, ruft es: „Stopp!" und alle knipsen ihre Lampe aus. Wieder wird getauscht, eine neue spannende Lichtjagd kann folgen.

Einfaches Papierkino
(Bastelidee/Trödelspiel)

.... Kreatives Gestalten – Experiment – Optische Täuschung

Material

Zeichenblatt (ca. 7 x 7 cm) , Malstifte, Schere, Tixo

Anleitung

Auf einer Seite malt man einen bunten Regenbogen, auf der anderen Seite ein Kind. Das fertige Bild klebt man mit Tixo auf dem Ende eines Malstiftes fest. Den Stift zwischen die Hände legen, fest hin und her reiben, sodass sich der Stift schnell dreht. Es entsteht der Eindruck, als würde das Kind unter dem Regenbogen stehen.

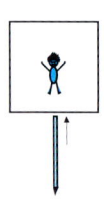

Weiterführende Ideen

- Auf der Vorderseite malt man ein lustiges Gespenst, auf der Rückseite ein Fenster.
- Auf der Vorderseite malt man eine freche Maus, auf der Rückseite ein Mauseloch.
- Auf der Vorderseite malt man einen bunten Goldfisch, auf der Rückseite ein Aquarium.

Der heiße Tipp

Das gesehene Bild bleibt für einen kurzen Augenblick auf der Netzhaut des Auges haften. Die beiden Bilder überlagern sich durch das schnelle Drehen des Malstiftes. Auf diesem Prinzip beruhen auch die Filme.

Akustische Phänomene

Telefon aus Joghurtbechern
(Bastelidee)

.... Leitung und Verstärkung des Schalls

Material
2 leere Joghurtbecher, 2 Streichhölzer, ca. 3 m langer Bindfaden, Nähnadel

Anleitung
In den Boden der Joghurtbecher mit einer Nähnadel ein Loch bohren. Hier den Bindfaden durchführen, an dessen Ende ein Streichholz befestigen. Das Ende des Bindfadens in den zweiten Becher schieben und diesen wie zuvor darin mit dem Streichholz fixieren.

Spielimpuls
Zieht man den Bindfaden straff, sodass ein guter Kontakt zwischen dem Holz und dem Becherboden gegeben ist, kann man zu telefonieren beginnen. Ein Fernsprechteilnehmer/Eine Fernsprechteilnehmerin spricht in die Öffnung des einen Bechers, während der andere den Becher dicht über das Ohr hält. So kann man sich über eine gewisse Entfernung hinweg auch sehr leise verständigen, ohne dabei schreien zu müssen.

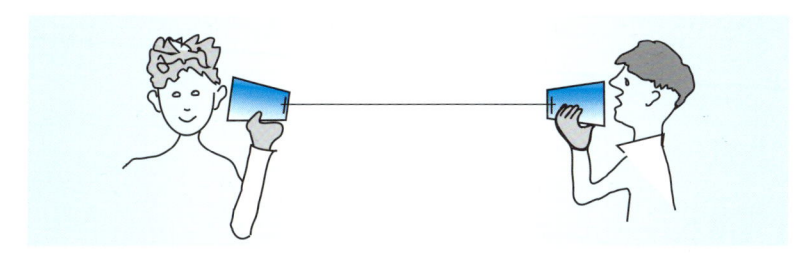

.... *Akustische Phänomene* ....

Klang-Windspiel
(Bastelidee/Raumdekoration)

.... Basteln und Spielen – Töne wahrnehmen

Material

Verschlussdeckel (vom Marmeladeglas, ca. 7 cm Ø), 9 Schrauben (ca. 15 cm lang), Schnur, Vorstecher, Hammer, Schere

Anleitung

Mit Vorstecher und Hammer neun Löcher in den Deckel schlagen. An jedem Schraubenkopf eine etwa 30 cm lange Schnur festbinden und immer von unten durch ein Loch des Deckels fädeln. Danach alle Schnüre gemeinsam mit einem festen Knoten zusammenbinden, die Fadenenden nochmals verknoten, dadurch erhält man eine Schlaufe zum Aufhängen. Das Windspiel im Garten oder oberhalb einer Tür aufhängen. Durch den Luftzug oder Wind schlagen die Schrauben aneinander und beginnen zu klingen.

Weiterführende Idee

Auch aus anderen Materialien (Muscheln, Bierkappen, Glasperlen, Beilagscheiben) kann in gleicher Art ein Windspiel gebastelt werden, wobei unterschiedliche Klänge zu hören sind.

Der heiße Tipp

Geräusche entstehen, wenn es zur Reibung zwischen Luft und einem festen Gegenstand kommt (Windgeräusche), wenn ein Körper durch Anschlagen in Schwingung versetzt wird oder wenn Reibung zwischen Gegenständen entsteht.

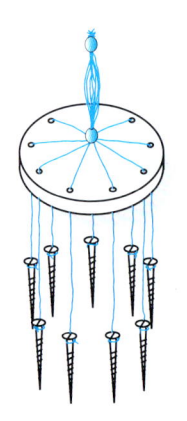

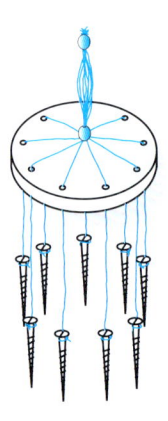

.... Akustische Phänomene ....

Kamm-Blaskonzert
(Bastelidee)

.... Mit Geräuschinstrument stimmlich experimentieren

Material
Kamm, Butterbrotpapier

Anleitung
Einen Kamm mit Butterbrotpapier umwickeln. Den Kamm mit trockenen Lippen berühren, dabei summt man einfache Melodien. Ein lustiges Kamm-Blaskonzert beginnt! Wer kann die Melodie eines Kinderliedes wiedergeben?

Hinweis
An den Lippen entsteht dabei ein leichtes Kitzeln. Der Kamm wird durch die strömende Luft in Schwingung versetzt, welches das Kitzeln verursacht. Daher kann man Geräusche wahrnehmen.

Glasorgel
(Klangexperiment)

.... Töne entstehen lassen

Material
Trinkgläser, Wasser, Kaffeelöffel

Anleitung
Mehrere Trinkgläser mit unterschiedlich viel Wasser anfüllen. Mit einem Kaffeelöffel tupft man die Gläser leicht an, wodurch sie in Schwingung versetzt werden und zu klingen beginnen. Die Tonhöhe richtet sich nach der Wassermenge in den Gläsern. Ein faszinierendes Klangerlebnis steht den Kindern bevor!

Weiterführende Idee
Mit einem angefeuchteten Finger reibt man vorsichtig mehrmals über den Rand eines halb mit Wasser gefüllten Weinglases. Die entstandene Schwingung ist auf dem Wasser zu sehen.

.... Akustische Phänomene ....

Zwitscherdose
(Bastelidee)

.... Experiment – Töne wahrnehmen – Grobmotorik

Material
Leere Filmdose, Schnur (ca. 40 cm lang),
Schere, Vorstecher

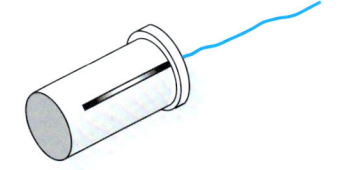

Anleitung

Zuerst seitlich einen Schlitz in die Dose schneiden (siehe Abb.). Mit dem Vorstecher in den Mittelpunkt der Verschlusskappe ein Loch stechen, die Schnur durchschieben und das Schnurende verknoten. Dadurch kann die Schnur nicht mehr herausrutschen. Die Filmdose mit dem Deckel verschließen. Nun die Schnur am Ende festhalten und die Dose zum Rotieren bringen. Ein leises Zwitschern ist zu hören!

Regenstab
(Bastelidee/Rhythmikbehelf)

.... Klangspiel – Werken mit Hammer und Nagel

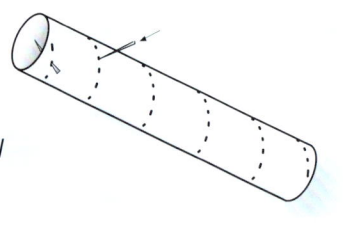

Material

Feste Kartonrolle mit Verschlusskappe (ca. 60 cm lang, 5 cm Ø), runde Zahnstocher, großer Nagel, Hammer, Zange, Holzleim, eine Handvoll Reis, Malfarben

Anleitung

Auf jeder Kartonrolle ist eine Fugenlinie sichtbar, die spiralförmig vom einen zum anderen Ende der Rolle läuft. Entlang dieser Linie mit Hammer und Nagel Löcher in einem Abstand von ca. 1 cm schlagen, mit Hilfe der Zange den Nagel immer wieder herausziehen. Die Zahnstocher auf einer Seite ein Stück abknicken, die spitze Seite des Zahnstochers in das Loch stecken und mit dem Hammer in die Kartonrolle schlagen. Zum besseren Halt je einen Tupfen Holzleim auf jedes Loch geben. Eine Handvoll Reis einfüllen und die Rolle gut verschließen. Die Rolle beliebig verzieren oder bunt bemalen. Zum Hören des Regens den Regenstab senkrecht in der Hand halten und langsam umdrehen.

Weiterführende Ideen
- Für Kartonrollen mit einem größeren Durchmesser nimmt man anstelle von Zahnstochern Schaschlik-Stäbe.

- Durch das Variieren der Füllmaterialien (Erbsen, Linsen, Kieselsteine ...) entstehen unterschiedliche Klangerlebnisse, die zum Experimentieren einladen.
- Im Bereich der rhythmischen Erziehung kann der Regenstab auf vielfältige Weise förderlich sein.

Mechanisch-technische Phänomene

Stehaufmännchen
(Bastelidee/Trödelspielzeug)

.... Basteln und Spielen – Schwerkraft

Material

Kapsel eines „Überraschungseies", Plastilin, wasserfeste Filzstifte, Wolle, Klebstoff

Anleitung

Auf dem Boden eines Überraschungseies eine kleine Kugel Plastilin festdrücken und die Kapsel wieder verschließen. Darauf mit wasserfesten Filzstiften ein lustiges Gesicht zeichnen, Haare mit Wolle aufkleben. Legt man beim Spielen das Stehaufmännchen um, richtet es sich von selbst wieder auf.

Der heiße Tipp

Für Kinder ist es oft nicht leicht, hinter das Geheimnis der Bewegung zu kommen! Meist wird Bewegung durch die Schwerkraft, die Umsetzungen verschiedener Energieformen oder der Reibung ausgelöst.

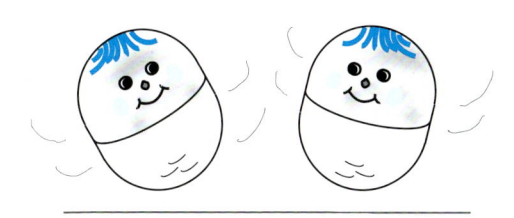

.... *Mechanisch-technische Phänomene* ....

Tütenkasperl
(Bastelidee/Kinderspielzeug)

.... Kreatives Gestalten – Schieben und Ziehen

Material
Kartonrolle (Klopapierrolle), Stoff, Wattekugel, Klebstoff, Schere, Rundholzstab, Schelle, Nadel, Faden, Filzstifte

Anleitung
Die Wattekugel am Holzstab festkleben und ein Gesicht aufmalen. Aus Stoff einen kleinen Halbkreis zuschneiden und daraus eine Zipfelmütze formen. Diese am Kasperlkopf festkleben, an der Spitze eine Schelle annähen. Stoffstreifen um die Kartonrolle wickeln, sodass der Stoff an einer Seite der Rolle um ca. 10 cm, auf der anderen Seite um ca. 2 cm übersteht. Das lange Stoffende mit einem Faden zusammenraffen und darauf den Kopf festkleben. Das kurze Stoffende in die Kartonrolle nach innen einschlagen und festkleben. Wird der Stab nach unten gezogen, versteckt sich der Kasperl in der Rolle, wird er nach oben geschoben, lacht er die Kinder an. Ein lustiges „Kuckuck-Versteckspiel" kann beginnen.

Weiterführende Idee
Nach Fantasie beliebig andere Tüten-Spielfiguren basteln. Sie sind auch eine nette Geschenksidee für Kinder!

Hampelmann
(Bastelidee/Kinderspielzeug)

.... Kreatives Gestalten – Hand-Auge-Koordination – Zugkraft

Material
Farbkartons, Bleistift, 8 Briefkuvert-Verschlussklammern, Schere, Klebstoff, Filzstifte, 2 Holzperlen, Schnur

Anleitung
Die einzelnen Teile des Hampelmannes auf Farbkartons übertragen, ausschneiden und ein lustiges Gesicht zeichnen. Mit einer spitzen Schere die Löcher in den Karton stechen (siehe Abb.) und mit Hilfe von Verschlussklammern die einzelnen Körperteile miteinander verbinden. Wichtig ist, dass alle Verbindungen gut beweglich sind! Durch die kleineren Löcher bei den

.... Mechanisch-technische Phänomene ....

Armen eine Schnur fädeln, ebenso auch eine bei den Beinen. Diese Schnüre verknotet man und lässt je ein Ende als Zugschnur hängen, an der man eine Perle befestigt. Der lustige Hampelmann kann nun entweder nur die Arme, nur die Beine oder auch beides gleichzeitig bewegen, wenn man an beiden Zugschnüren gleichzeitig zieht.

Pickender Vogel
(Bastelidee/Trödelspiel)

.... Kreatives Gestalten – Bewegliche Verbindungen herstellen

Material

Farbkartons, Schere, Klebstoff, Malstifte, Briefkuvert-Verschlussklammer, Sonnenblumenkerne

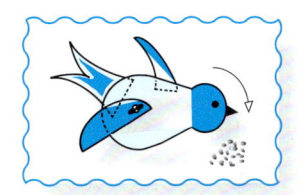

Anleitung

Aus Farbkartons einen Vogel basteln (siehe Abb.), in dessen Körpermitte mit einer spitzen Schere ein Loch stechen und die Briefkuvertklammer durchschieben. Nun einen andersfarbigen Karton als Hintergrund auswählen, zuschneiden und den Vogel darauf mit der Briefkuvertklammer befestigen. Ein paar Sonnenblumenkerne aufkleben. Wichtig ist, dass der Vogel gut beweglich ist. Indem der Karton geschickt hin- und herbewegt wird, kann der Vogel nun die Körner picken.

Kugelbahn
(Bastelidee/Trödelspiel)

.... Konstruieren und dreidimensionales Bauen – Schwerkraft

Material

Langes, bewegliches Kunststoffrohr (Isolierrohr), Schnur, Klebebänder, Schere, Kugeln (Murmeln, Wattekugeln, Kastanien, Tischtennisbälle), Körbchen

Anleitung

Vorerst einen geeigneten Platz aussuchen, wo man die Kugelbahn errichten möchte, z.B. Stiegenhaushandlauf, Sprossenleiter, Stufen, Stehleiter ... Nun befestigt man das Kunststoffrohr mithilfe einer Schnur bzw. eines Klebebandes an der ausgewählten Stelle. Am Ende der Kugelbahn ein Körbchen zum Auffangen der Kugeln hinstellen. Ein toller Spaß für alle Kinder, wenn die Kugeln zu rollen beginnen!

Rollende Murmel
(Konzentrations-/Geschicklichkeitsspiel)

.... Koordination von Augen- und Handbewegungen – Rotation

Auf einen Suppenteller eine oder mehrere Murmeln legen. Den Teller mit beiden Händen halten und die Kugel zum Kreisen bringen. Dabei auch die Laufrichtung wechseln. Die Murmel soll möglichst nicht vom Teller fallen!

Der heiße Tipp

Rotation bedeutet die Umdrehung eines starren Körpers um eine Achse oder einen Punkt. Auf bewegte Körper kommt die Zentrifugalkraft (vom Mittelpunkt wegstrebend) zur Wirkung, was hier beim Spiel mit der rollenden Murmel optisch faszinierend, aber zugleich auch beruhigend für Kinder ist.

Sanduhr
(Bastelidee/Rieselspiel)

.... Zeit messen – Optische Sinneswahrnehmung

Material

Kleine Plastikflaschen (Mineralwasser) oder Gläser mit Schraubverschluss (Rollmöpse, Oliven), Vorstecher, Klebeband, Quarzsand

Anleitung

Mit dem Vorstecher kleine Köcher in den Schraubverschluss (Deckel) bohren. In das Gefäß etwas Quarzsand einfüllen und zuschrauben. Verkehrt darauf ein zweites gleiches Gefäß ohne Verschluss stellen und die beiden Behälter mit einem Klebeband aneinander fixieren. Die Sanduhr umdrehen, der Sand rieselt durch die Löcher. Wie lange das wohl dauern wird?

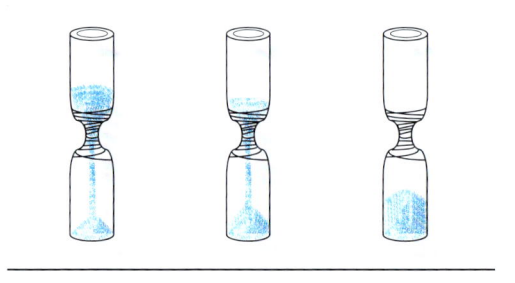

.... Mechanisch-technische Phänomene ....

Wetterprognose erstellen
(Bastelidee/Ratespiel)

.... Falten – Beidhändigkeit aktivieren – Bewegliche Verbindung

Material

Weißes, quadratisches Papier (ca. 20 x 20 cm), Filzstifte

Anleitung

Ein quadratisches Blatt der Länge und der Breite nach falten und wieder öffnen (Abb. 1).
Das Blatt wenden, nun diagonal falten und wieder öffnen (Abb. 2).
Alle vier Ecken zur Mitte biegen, das Blatt wenden und erneut alle vier Ecken zur Mitte biegen (Abb. 3).
Auf die obere und untere Ecke eine Sonne zeichnen, auf die rechte und linke Ecke Schneeflocken oder Regentropfen (Abb. 4).
Das Blatt wenden, vorsichtig die Ecktaschen von der Mitte aus hochklappen und die Faltarbeit in die Form eines „Himmel und Hölle"-Spiels (Abb. 5) bringen.
Daumen und Zeigefinger beider Hände in die Ecktaschen stecken und alle vier Spitzen zur Mitte zusammenführen.

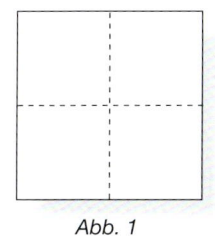

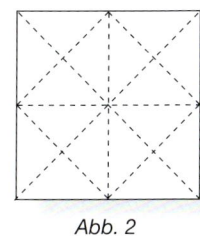

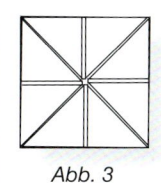

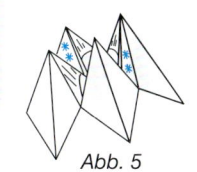

Abb. 1 Abb. 2 Abb. 3 Abb. 4 Abb. 5

Spielimpuls

Mit dem Faltspiel in den Händen wendet sich das Kind einem anderen zu und fragt: „Wie wird das Wetter heute?" Das andere Kind versucht eine „Wetterprognose" zu erstellen und antwortet z.B. „Es wird sonnig!" Dabei zeigt es mit seiner Hand an, nach welcher Seite hin das Faltspiel geöffnet werden soll. Wem gelingt es, eine richtige Übereinstimmung mit der Abbildung am Faltspiel zu treffen?

Phänomene, die durch Wasser und Luft entstehen

Faszinierende Schüttelgläser
(Bastelidee/Trödelspiel)

> .... Experimentieren – Leichte und schwere Dinge unterscheiden

Material

Gläser mit Schraubverschluss, kleine Gegenstände (Perlen, Strohhalmstücke, Muscheln, Glitter, Papierstücke, Wollfäden ...), Wasser, Geschirrspülmittel

Anleitung

Ein Glas mit Wasser füllen, einen Schuss Geschirrspülmittel beigeben, wodurch manche Dinge besser im Wasser schweben können. Beliebig kleine Gegenstände in das Glas geben und den Deckel fest verschrauben. Das Glas kann nun immer wieder umgedreht oder auch geschüttelt werden. Je nach Beschaffenheit des jeweiligen Materials werden die Dinge im Inneren des Glases an der Wasseroberfläche schwimmen oder zu Boden sinken. In dieser Art kann ein ganzes Sortiment von Schüttelgläsern hergestellt werden, die zum Spielen und Beobachten einladen.

Weiterführende Idee

Anstelle von Wasser können auch Öle (Babyöl, Speiseöl) oder Glyzerin verwendet werden. Zum Experimentieren fügt man ev. einige Tropfen Tinte oder wasserlösliche Beize hinzu.

Chinesische Wasseruhr
(Bastelidee/Wasserspielzeug)

> .... Experiment – Zeit messen und vergleichen

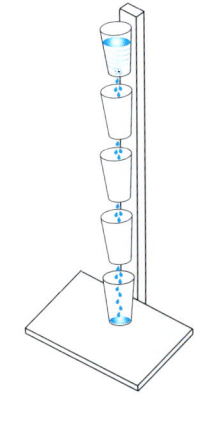

Material

6 Joghurtbecher, Klebeband, Weichholzplatte (14 x 10 x 2 cm), Holzleiste (60 x 3 x 1 cm), 2 Nägel, Hammer, Vorstecher, 1 Glas Wasser

.... Phänomene, die durch Wasser und Luft entstehen ....

Anleitung

Die Holzleiste an der Mitte des Brettchens senkrecht stehend annageln. In fünf der Becher mit dem Vorstecher am Becherboden jeweils ein Loch bohren. Den sechsten Becher auf das Brett stellen, die übrigen mit einem Klebeband übereinander an der Leiste festkleben. In den obersten Becher Wasser leeren. Wie lange dauert es, bis das Wasser von oben bis unten durchgelaufen ist?

Hui-Heulschlauch
(Bastelidee/Windspielzeug)

.... Rotation – Grobmotorik fördern

Material

Isolierrohr (1 m lang)

Anleitung

Das Rohr im Elektrofachhandel besorgen. Ein Kind steht in der Kreismitte und hält das Rohr an einem Ende fest. Mit Schwung das Rohr zum Rotieren bringen. Dabei abwechselnd beide Arme verwenden.

Der heiße Tipp

Durch Reibung der Luft entsteht beim Drehen ein Windgeräusch, das Rohr erzeugt dabei einen interessanten Summton.

Windrolle
(Bastelidee/Windspielzeug)

.... Basteln und Spielen – Antriebskraft erzeugen – Experiment

Material

4 Ansichtskarten, Zeichenkarton, Klebstoff, Filzstift, Lineal, Schere

Anleitung

Jeweils zwei Ansichtskarten mit den Bildern nach außen zusammenkleben. Dann der Länge nach die Mittellinien der Ansichtskarten markieren.

.... Phänomene, die durch Wasser und Luft entstehen ....

Nun die Karten jeweils von einer Schmalseite her bis etwas über die Mitte einschneiden und die Karten kreuzweise ineinander stecken. Zwei Kreise von ca. 11 cm Ø aus Zeichenkarton ausschneiden und an die beiden Außenseiten kleben. Durch Blasen auf die Windrolle bewegt sie sich vorwärts. Haben mehrere Kinder je eine Rolle, kann ein spannendes Wettrollen gestartet werden.

Der heiße Tipp

Enorme Kräfte stecken in den Elementen Wasser und Luft. Sie kommen in der Natur vor und werden im alltäglichen Leben vielseitig genutzt (Wasserrad, Windmühle), um Energien zu gewinnen.

Tanzende Folienschlange
(Bastelidee/Mobile)

.... Kreatives Gestalten

Material
Bastelfolie, Schere, Bleistift, Faden

Anleitung
Auf bunter Bastelfolie einen Kreis zeichnen und ausschneiden. Spiralenförmig die Körperform der Schlange im Kreisinneren darstellen und mit Bleistift Schlangenmuster eingravieren. Den Schlangenkörper spiralförmig ausschneiden, aus der Kreismitte entsteht der Schlangenkopf. Die Folienschlange mit einem Faden an der Decke befestigen.

Der heiße Tipp

Im Luftzug oder durch aufsteigende warme Luft einer Wärmequelle (Heizkörper, Kerze) beginnt sich die Schlange zu drehen und funkelt besonders hübsch durch Lichtreflexionen.

Bewegungsspiele

- Lauf- und Fangspiele
- Ballspiele
- Kraft- und Mutspiele
- Hüpf- und Seilspiele
- Kooperative Gruppenspiele

6. Kapitel

Wozu Bewegungsspiele?

Bewegungsspiele dienen in ihrem gesamten Ablauf dazu, dem natürlichen Bewegungsdrang von Kindern nachzukommen, der die Basis für eine ganzheitliche Weiterentwicklung darstellt. Sie wirken sich positv auf den Muskel- und Knochenaufbau aus, über die Koordination von Bewegung hinaus wird auch die Reifung des Gehirns stimuliert, wodurch sich die Lernleistung von Kindern verbessert. Des Weiteren gelten sie als wichtiger Ausgleich im Lebensalltag und stärken die physische Robustheit. Lebensenergie, Geschicklichkeit, Kraft, Ausdauer, Körperbeherrschung und Gemeinschaftssinn werden spielerisch gefördert, sodass Kinder in ihrer gesamten Persönlichkeitsentwicklung eine positive Prägung erfahren sowie körperlich und geistig im Einklang sind.

Lauf- und Fangspiele

Gemüsegarten
(Laufspiel)

.... Förderung der motorischen Fähigkeiten in Verbindung mit Kognition

Die Kinder laufen zum Rhythmus eines Tamburins frei herum. Sobald die Spielleiterin/der Spielleiter einen Begriff ruft, sollen die Kinder entsprechende Bewegungen ausführen:

„Karotte"	... auf einem Bein stehen und die Arme nach oben strecken
„Krautkopf"	... auf den Boden legen und sich zusammenrollen
„Gurke"	... auf den Bauch legen und mit ausgestreckten Händen um die Längsachse rollen
„Mischgemüse"	... zu zweit, zu dritt oder zu viert einander umarmen und gemeinsam im Kreis hüpfen

Der heiße Tipp

Bewegungsspiele dienen auch zur Förderung der Kognition. Das bedeutet, Wahrnehmung, Sprache, Gedächtnis und Denken werden vernetzt in den Bewegungsablauf spielerisch mit einbezogen.

Gib Acht, die Biene sticht!
(Aggressionsspiel)

.... Fangen und Erlösen – Reaktionsvermögen fördern

Eine „Biene" läuft summend umher. Alle übrigen Spieler, bis auf einen, den „Doktor", versuchen ihr auszuweichen. Mit ihrem Stachel (ausgestreckter Zeigefinger) versucht sie andere Kinder zu stechen. Das gestochene Kind ruft laut: „Auweh!", deckt mit einer Hand die schmerzende Stelle ab und bleibt so lange stehen, bis der Doktor herbeieilt. Dieser legt seine Hand kurz auf die schmerzende Stelle, das Kind ist somit erlöst und darf wieder weiterlaufen. Ob der Doktor wohl viel zu tun hat?

Tausendfüßlerlauf
(Wettlauf)

.... Bewegung zur Unterstützung der sozialen Entwicklung

Zwei gleich große Mannschaften bilden. Für beide Gruppen eine gleich lange Laufstrecke und ein Wendemal festlegen. Nach der Starterlaubnis laufen die beiden ersten Kinder der Gruppen zum Wendemal und wieder zurück und holen die zweiten Kinder ab. Bei der nächsten Runde sind es dann bereits drei, die sich an den Händen fassen und gemeinsam laufen. Der „Tausendfüßler" wird zunehmend länger, bis alle Kinder in einer langen Kette hintereinander unterwegs sind. Welcher Tausendfüßler kommt schneller ins Ziel?

Der schnelle Fuchs
(Tobespiel)

.... Spannung im Spiel erfahren – Fairness zeigen

Alle Kinder stehen nebeneinander auf einer Seite des Raumes. In der Mitte befindet sich ein Kind, der schnelle Fuchs. Dieser fragt: „Wer fürchtet sich vorm schnellen Fuchs?" Die anderen antworten: „Niemand!" Auf die neuerliche Frage: „Und wenn er aber kommt?" antworten alle: „Dann laufen wir davon!" Nun versuchen alle Kinder, die andere Seite zu erreichen, ohne vom Fuchs abgeschlagen zu werden. Sobald ein Kind vom Fuchs berührt wird, erfolgt ein Rollentausch.

Der heiße Tipp

Es ist für die Entwicklung von Kindern (besonders im Schulalter) eine wichtige Erfahrung, sich im Einzel- oder Mannschaftswettkampf zu messen. Dabei erproben sie den Umgang mit den eigenen Kräften, verbessern ihre körperlichen Fähigkeiten, lernen auch einmal zu verlieren und bilden verstärkt ihre sozialen Kompetenzen aus.

Die gefährliche Schlange
(Reaktionsspiel)

.... Gewandtheitsanforderungen innerhalb der Gruppe entsprechen

Mehrere Kinder bilden eine lange Schlange und stellen sich hintereinander mit Hüftfassung auf. Das erste Kind, der „Schlangenkopf", versucht das letzte Kind, den „Schlangenschwanz", geschickt zu fangen. Dabei soll die Schlange nicht reißen. Das abgeschlagene Kind wechselt nach vorn und wird somit neuer Fänger.

Spielvariante

Bei einer großen Spielbeteiligung bilden die Kinder mehrere kürzere Schlangen. Sie versuchen den letzten Spieler einer anderen Schlange abzuschlagen. Gelingt dies, reiht sich dieser vorne in die Schlange ein, von der er abgeschlagen wurde, und wird dort selber neuer Fänger.

Miau, miau, die Katze kommt!
(Tobespiel)

.... Immensen Spielspaß genießen dürfen

Mithilfe eines Reifens (Seil) vor Spielbeginn ein Mauseloch auf dem Boden darstellen. Dieses dient als rettender Ort, worin die „Mäusekinder" Zuflucht nehmen, um nicht gefangen zu werden. Ein Kind, die „Katze" (Kater), lauert abseits der übrigen Mäusekinder etwas erhöht auf einer Bank oder einem Baumstumpf. Dabei spricht es: „Miau, miau, die Katze kommt, die Katze will euch fangen!" Daraufhin versucht die Katze, ein Mäusekind zu fangen. Gelingt dies, erfolgt ein Rollentausch.

Fischer, wie viele Fische hast du im Netz?
(Fangspiel)

.... Motorische Fähigkeit des Laufens aktivieren – Lauftempo steigern

Zwei „Fischer" stehen einander gegenüber auf einer Insel (Turnmatte). Nach einem Startsignal versuchen die beiden Fischer, möglichst viele „Fische" zu fangen. Ist ein Fisch gefangen, muss dieser auf die Insel des Fischers, von dem er gefangen wurde. Welcher der beiden Fischer fängt in derselben Zeit die meisten Fische?

Hasenjagd
(Reaktionsspiel)

.... Spieltrieb wecken – Sich richtig „auspowern"

Eines der Kinder wird zum „Fuchs", ein zweites zum „Hasen" bestimmt. Für alle übrigen Hasen einen Gymnastikreifen als Bau im Raum verteilt auflegen. In jedem Bau steht ein Hase. Nach dem Startzeichen läuft der Hase vor dem Fuchs davon, er versucht sich nach kurzer Zeit in einen Bau zu flüchten. Der sich darin befindende Hase muss immer sofort seinen Bau verlassen. So schnell er kann, versucht er vor dem Fuchs zu flüchten. Gelingt es jedoch dem Fuchs, den Hasen zu fangen, erfolgt ein sofortiger Rollentausch der beiden Kinder.

Der heiße Tipp

Kinder leiden heute vermehrt an Bewegungsmangel. Im Zeitalter des Computers muss auch der Spieltrieb geweckt und stärker gefördert werden. Durch die körperliche Anstrengung bei Lauf- und Fangspielen werden Kinder ausgeglichener, sie finden anschließend rascher wieder zur Ruhe und können sich besser konzentrieren.

Durch die Brücke ziehen wir
(Reaktionsspiel)

Renate Steiner

.... Bewegung zur Förderung der Kognition – Geschicktes Ausweichen

Zwei Kinder bilden eine Brücke. Sie stellen sich gegenüber auf, fassen sich an den Händen und halten dabei die Arme ausgestreckt in die Höhe. Alle übrigen Kinder marschieren im Gänsemarsch durch die Brücke hindurch und sagen dazu den Spruch auf:

„Durch die Brücke ziehen wir, eins, zwei, drei,
nur einer wird gefangen, die andren, die sind frei!"

Am Ende fallen die gefassten Hände der beiden „Brücken"-Kinder herab und versuchen das Kind einzufangen, das gerade unter der Brücke hindurchgehen muss. Jedes gefangene Kind scheidet aus, die letzten zwei dürfen als Sieger bei der nächsten Spielrunde die Brücke darstellen.

Sitzfangen
(Geschicklichkeitsspiel)

.... Aktiviert Lauf- und Sprunggewandtheit mit Richtungsänderungen

Ein Kind wird Fänger, das andere Läufer. Alle übrigen Kinder sitzen mit ausgestreckten Beinen auf dem Boden. Der Läufer kann sich retten, indem er über die gestreckten Beine eines anderen Kindes springt. Dieses muss sofort aufstehen und soll weiter fangen, das andere setzt sich. Der bisherige Fänger wird dadurch Läufer. Gelingt es einem Fänger, einen Läufer zu berühren, erfolgt ebenfalls ein Rollentausch.

Der heiße Tipp

Laufen, Springen, Klettern, Steigen, Schieben und Ziehen zählen zu den motorischen Fähigkeiten eines Kindes, die besonders durch Bewegungsspiele gut gefördert werden. Schnelligkeit, Ausdauer, Kraft und Geschicklichkeit gelten als motorische Eigenschaften. Diese lassen sich ebenso durch spielerische Impulse und Wiederholungen zunehmend steigern. Dabei die Belastungsintensität dem Leistungsniveau der Kinder entsprechend anpassen!

Ballspiele

Aufgepasst, wo ist der Ball?
(Reaktionsspiel)

.... Förderung der motorischen Fähigkeiten Fangen, Werfen, Rollen

Die Kinder stellen sich im Kreis auf und rollen einander einen Sitzball zu. Ein Kind steht in der Mitte und versucht, dem Ball geschickt auszuweichen. Wird es getroffen, erfolgt ein Rollentausch.

Spielvariante
Die Kinder werfen einander einen Ball zu. Das Kind in der Mitte versucht den Ball aufzufangen. Gelingt dies, ist es befreit.

.... Ballspiele ....

Luftballon fangen
(Geschicklichkeitsspiel)

.... Werfen und fangen mit Hilfe eines Gegenstandes

Einen Gymnastikreifen auf ein Tülltuch (Seidenstofftuch) legen, alle vier Ecken daran festknoten. Auf das Tuch einen aufgeblasenen Luftballon legen. Ein Kind hält den Gymnastikreifen waagrecht mit beiden Händen und versucht, damit den Luftballon geschickt hochzuwerfen und wieder zu fangen. Wer schafft es am längsten, ohne dass der Luftballon dazwischen zu Boden fällt?

Weiterführende Idee

Die Kinder gehen paarweise zusammen. Jedes hat einen eigenen Reifen zum Fangen in seiner Hand. Der Luftballon wird nun hin- und hergeworfen.

Wilde Kerle
(Tobe-/Wettspiel)

.... Sich richtig austoben – Reaktion und Geschwindigkeit

Zwei gleich starke Mannschaften bilden, jede wird von einem „Wilden Kerl" angeführt. Beide Wilden Kerle haben einen großen Behälter (Wäschekorb, Kastenrahmen) vor sich aufgestellt, diese füllt man mit vielen Bällen. Nach dem Startsignal müssen die Wilden Kerle möglichst alle Bälle aus ihrem Behälter herauswerfen, die Kinder der gegnerischen Mannschaft sammeln die Bälle so rasch wie nur möglich wieder ein und geben diese erneut zurück in den Behälter. Das Spiel endet, sobald ein Wilder Kerl seinen Behälter zur Gänze leergeräumt hat. Er und seine Mannschaft sind somit die Siegergruppe.

Der heiße Tipp

Die abwechslungsreichen und überaus lustigen Ballspiele stärken oftmals den sozialen Zusammenhalt und motivieren auch weniger sportlich talentierte Kinder, aktiv mitzumachen. Grob- und feinmotorische Anforderungen sowie die Anforderungen des Fairplay (Spielregeln einhalten, Rücksicht nehmen, sich in die Gruppe einordnen können) sind spezielle Aufgaben, die es gilt, im Spiel meisterhaft zu bewältigen.

Sitzfußball
(Reaktionsspiel)

.... Grobmotorische Anforderung – Koordination der Beine

Die Kinder sitzen im Kreis auf dem Boden und rollen einen großen Sitzball nur mit den Füßen kreuz und quer einander zu. Jedes Kind gibt Acht, dass der Ball dabei nicht aus dem Kreis hinausrollt. Sie verhindern damit, dass es zu einem Tor kommt. Geschieht dies dennoch, müssen die beiden Spieler, bei denen der Ball durchgerollt ist, eine zusätzliche „Strafrunde" um den Kreis laufen, bevor das Spiel fortgesetzt wird.

Ballschule
(Geschicklichkeitsspiel)

.... Geschicktes Fangen und Werfen

Zwei bis sechs Kinder stellen sich vor einer Stiege nebeneinander auf. Die Spielleiterin/Der Spielleiter wirft dem ersten Kind in dieser Reihe einen Ball zu. Es versucht den Ball zu fangen und wirft ihn wieder zurück. Hat es dies geschafft, darf es in die „erste Klasse" eintreten und stellt sich auf die erste Stufe. Das Spiel wird reihum fortgesetzt. Wer beim Fangen oder Werfen einen Fehler macht, bleibt auf seinem Platz stehen. Er darf noch nicht in die nächste Schulstufe aufsteigen. Welches Kind erreicht am schnellsten die vierte Klasse der Volksschule oder erreicht eine noch höhere Schulstufe?

Hinweis

Ist keine geeignete Stiege vorhanden, zieht man am Boden Linien mit Kreide oder legt Seile auf, die die einzelnen Schulstufen darstellen. Die Kinder entfernen sich von Mal zu Mal weiter, dadurch wird es pro höherer Klasse schwieriger, den Ball zu fangen. Die Siegerin/Der Sieger darf bei der nächsten Spielrunde den Kindern den Ball zuwerfen.

Saal ausräumen
(Reaktionsspiel)

.... Fairplay – Gewandtheitsanforderungen spielerisch üben

Alle verteilen sich stehend (sitzend, kriechend) frei im Raum. Es erfolgt ein gegenseitiges Abschießen mit einem Softball. Wer den Ball gefangen hat, muss von diesem Platz den Ball werfen. Wer getroffen wird, scheidet aus. Das Spiel eignet sich gut zum Beenden einer Turnstunde.

Kraft- und Mutspiele

Weg von der Matte!
(Partnerspiel)

.... Kräftemessen – Wettkampf durchhalten

Zwei Kinder sitzen Rücken an Rücken mit angezogenen Beinen auf einer Matte. Eines versucht das andere von der Matte abzudrängen.

Spielvariante
Zwei Kinder stellen sich auf einer Matte gegenüber auf und halten sich mit den Händen an den Schultern fest. Das Spiel endet, sobald eines der beiden mit den Füßen den Boden berührt.

Schlafender Faulpelz
(Partnerspiel)

.... Körperkraft gezielt einsetzen

Ein Kind liegt als schlafender Faulpelz auf dem Boden (Matte). Ein anderes Kind versucht den Schlafenden von der Matte zu rollen. Ist der „Faulpelz" zu schwer, dürfen auch mehrere Kinder zusammenhelfen. Ist es gelungen, werden die Rollen getauscht.

Büffelreiten
(Partnerspiel)

.... Sich richtig austoben – Gleichgewicht halten

Ein Kind, der „Büffel", kniet in Bankstellung auf einer Matte. Der „Cowboy" setzt sich auf den Rücken des Büffels und hält sich fest. Der Büffel versucht den Cowboy abzuwerfen. Fällt dieser zu Boden, erfolgt ein Rollentausch.

Hinweis
Auch mehrere Cowboys können parallel ihr Können beweisen. Jener Cowboy, der am längsten reitet, wird mit einem Applaus belohnt.

Balldieb
(Partnerspiel)

.... Stärke demonstrieren – Angst abbauen

Ein Kind legt sich mit dem Bauch über einen Medizinball und hält diesen fest. Das andere, der „Balldieb", versucht, ohne jeglichen Körperkontakt den Ball wegzuziehen oder wegzudrücken. Hat der Dieb es geschafft, erfolgt ein Rollentausch.

Stechmücken totschlagen
(Partnerspiel)

.... Situationsgerechtes Reagieren – Körperkontakt bewusst vermeiden

Zwei Kinder fassen sich an der Hand. Mit der freien Hand versucht jedes Kind, auf das Gesäß des anderen zu „klopfen", um die darauf sitzende „Mücke" zu erwischen. Es ist ein ausgelassenes rasantes Spiel, auch für alle, die zusehen!

Riesenschildkröten fangen
(Gruppenspiel)

.... Muskelkraft sowie Geschicklichkeit beweisen

Die Kinder krabbeln auf allen vieren als Schildkröten auf der Wiese (Turnmatten) umher. Ein „Jäger" macht sich auf den Weg und versucht, möglichst viele Schildkröten auf den Rücken zu drehen, sodass diese gefangen sind. Wie groß wird seine Beute sein?

Achtung Mausefalle!
(Partner-/Gruppenspiel)

.... Koordination von Kraft und Geschicklichkeit

Ein Kind spielt die Mausefalle und begibt sich hierfür in Bankstellung. Das andere Kind stellt die Maus dar und kriecht neugierig in die Mausefalle. Plötzlich schnappt diese zu: Das Kind, das die Falle spielt, streckt sich flach aus und klemmt die Maus fest unter sich mit seinem Körper ein. Gelingt es der Maus, sich wieder aus der Falle zu befreien?

Spielvariante

Etliche Mausefallen sind im Raum verteilt aufgestellt. Mehrere Mäuse kriechen gleichzeitig neugierig umher. Immer wieder schnappt eine Falle zu. Sobald sich eine Maus nicht mehr aus der Falle befreien kann, scheidet diese aus dem Spiel aus. Welche Maus ist so geschickt und überlebt am längsten?

Wilder Tiger im Käfig
(Gruppenspiel)

.... Stärke demonstrieren – Gruppenzusammenhalt

Alle Kinder bilden mit Handfassung einen Kreis oder haken mit den Armen ineinander ein. Sie sollen sich möglichst fest aneinander halten. Ein „Tiger" befindet sich im Kreisinneren, dem „Käfig", und versucht daraus auszubrechen. Gelingt es dem Tiger, ist er befreit und es erfolgt ein Rollentausch.

Der heiße Tipp

Für abenteuerliche Kraft- und Mutspiele ist es charakteristisch, dass sie vor allem motorisch eine Herausforderung an die Koordinationsfähigkeit und Geschicklichkeit darstellen. Es wird das „Fertigwerden" mit einer besonderen Situation im physischen (körperlichen) und psychischen (geistigen) Bereich von den Kindern spielerisch eingeübt. In ausgelassener Stimmung, bei der auch Taktik, Geschick und individuelle Stärken zählen, macht Spielen noch mehr Spaß!

Bärenstarke Bärenkinder
(Gruppenspiel)

.... Zusammenspiel von Kraft und Energie – Mutig sein

Aus einer großen Spielgruppe zwei Kinder durch Abzählen als Bärenmutter/-vater bestimmen. Diese rufen abwechselnd ein Kind nach dem anderen als Bärenkinder zu sich in die Mannschaft. Die beiden Bärengruppen nehmen etwa in 10 Meter Entfernung voneinander Aufstellung in einer Linie und halten sich an den Händen fest. Sie bilden somit eine Kette.

Eine Bärenmutter/Ein Bärenvater beginnt und wählt zwei Bärenkinder der eigenen Gruppe aus, die mit der Jagd beginnen. Alle rufen gemeinsam: „Zwei Bären jagen um die Wette, welcher Bär durchbricht die Kette? 1, 2, 3, los!" Beide starten daraufhin mutig los, sie versuchen mit Schwung die gegnerische Bärenkette zu durchbrechen. Gelingt es einem Bärenkind, darf es einen der gegnerischen Bären, der die Hand losgelassen hat, mitnehmen und so die eigene Gruppe vergrößern. Schafft es dies nicht, muss es sich selbst in die gegnerische Bärenkette einreihen. Dann schickt die andere Bärenmutter/der andere Bärenvater zwei Bärenkinder gleichzeitig los. Auch Bärenmutter/-vater dürfen insgesamt dreimal mitlaufen, danach ist das Spiel allerdings zu Ende. Gewonnen hat die Bärenkette, die am Schluss die meisten Bärenkinder hat.

Bergrettung
(Partnerspiel)

>.... Muskelkraft einsetzen – Soziale Hilfsbereitschaft demonstrieren

Ein „Verletzter" legt sich mit dem Rücken auf den Boden und streckt die Hände nach hinten aus. Ein anderes Kind, die „Bergrettung", stellt sich hinter dessen Kopf und zieht vorsichtig den Verletzten an den Händen ein Stück weiter.

Spielvariante
Das Abtransportieren des Verletzten erfolgt nun, indem dieser auf dem Rücken liegt und langsam an den Füßen weggezogen wird.

Der fliegende Pilot
(Gruppenspiel)

>.... Schwebezustand wahrnehmen – Fantasie anregen

Ein „Pilot" legt sich ausgestreckt auf eine Decke nieder. Sechs bis acht Kinder heben die Decke mit dem Piloten gemeinsam in die Höhe, tragen ihn ein Stück weiter, rütteln die Decke vorsichtig hin und her, bis sie ihn wieder sanft mit der Decke auf dem Boden ablegen und landen lassen.

Weiterführende Idee
Das jeweilige Geburtstagskind der Gruppe bekommt an seinem Festtag einen „Rundflug" von den anderen Kindern als gemeinsames Geschenk. Wie schön ist es, einmal durch die Lüfte zu fliegen! Dabei rufen alle Kinder: „Das Geburtstagskind, es lebe hoch!"

Hüpf- und Seilspiele

Hexe, Hexe, schnell herbei!
(Geschicklichkeitsspiel)

.... Spaß an Bewegungsformen entwickeln

Alle Kinder hüpfen mit geschlossenen Beinen umher. Sobald sich zwei Kinder beim Hüpfen berühren, erstarren sie auf der Stelle. Um wieder erlöst zu werden, rufen beide laut: „Hexe, Hexe, schnell herbei!" Ein Kind, die „Hexe", reitet auf einem Besen herbei, berührt das versteinerte Kind mit der Hand und spricht: „Eins, zwei, drei, du bist frei!"

Spielvarianten
- Die Kinder hüpfen einbeinig.
- Die Kinder machen Häschensprünge.
- Die Kinder springen wie Frösche.

Henriette
(Wetthüpfen)

... Sprechen und Spielen – Kondition und Geschicklichkeit fördern

Ein Kind der Gruppe geht in die Kreismitte, die übrigen sprechen gemeinsam den Spruch:

„Henriette, goldne Kette, goldner Schuh, wie alt bist du?"

Um die Frage zu beantworten, versucht das im Kreis stehende Kind so oft wie möglich auf einem Bein zu hüpfen, alle zählen die Jahre mit. Sobald es jedoch einen Fehler macht, darf ein anderes in die Kreismitte. Erneut stellen alle wieder die gleiche Frage. Sieger ist, wer das höchste Lebensalter erreicht hat.

Spielvarianten
- Beim Hüpfen eine Springschnur verwenden.
- Zwei Kinder drehen ein Schwungseil. Ein drittes Kind springt darüber.

.... *Hüpf- und Seilspiele* ....

Sprungkarussell
(Reaktionsspiel)

.... Koordination von optischer Wahrnehmung und motorischer Aktivität

An einem Seilende befestigt die Spielleiterin/der Spielleiter einen Wurfring und schwingt dieses knapp über den Boden, indem sie/er sich um die eigene Achse dreht. Drumherum stellen sich die Kinder in einem Kreis auf und versuchen, das rotierende Seil zu überspringen. Wer schafft die meisten Hüpfrunden und wird somit zum Tagessieger?

Der heiße Tipp

Viele Hüpfspiele gelten als Klassiker und sind ein beliebter Zeitvertreib für Kinder. Nicht nur die Beinarbeit steht hierbei im Vordergrund, ebenso gehört Beweglichkeit, Koordination, Ausdauer und ein gutes Rhythmusgefühl dazu.

Der Ziegenbock
(Gummihüpfen)

.... Geschickte Beinarbeit – Sprechen und Hüpfen

Man benötigt ein etwa 4 Meter langes Gummiband, das zusammengeknotet wird. Zwei Spieler stellen sich gegenüber auf und legen in Knöchelhöhe das Band um die Beine. Zwischen den beiden nimmt ein drittes Kind Aufstellung und springt im Rhythmus passend eine zuvor vereinbarte Hüpfkombination: z.B. 1x Hüpfen mit geschlossenen Beinen am Platz, dann Grätsche – je ein Fuß landet seitlich auf dem Gummiband. Dazu sprechen alle den Spruch und hüpfen abwechselnd dazu:

„Der Ziegenbock, der Ziegenbock springt über einen dicken Stock."

Wurde die Hüpfkombination fehlerfrei gesprungen, kann das Gummiband auf Wadenhöhe bzw. danach auf Kniehöhe geschoben werden. Bei einem Fehler erfolgt ein Rollentausch. Welches Kind schafft alle drei Stufen hintereinander?

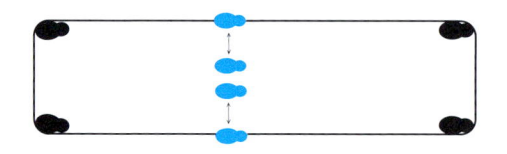

Uhrzeit hüpfen
(Hüpfspiel)

.... Sprungkraft und Ausdauer in Verbindung mit Kognition schulen

Vor Spielbeginn eine große runde Uhr mit Kreide auf den Asphalt aufmalen und in zwölf gleich große Felder unterteilen. Gestartet wird immer bei 1 Uhr. Die Kinder hüpfen zuerst beidbeinig los und nennen bei jedem Sprung die dazugehörige Uhrzeit. Dabei müssen sie immer direkt auf der Linie neben der Zahl landen. Wird eine Linie nicht getroffen bzw. die falsche Uhrzeit genannt, kommt das nächste Kind an die Reihe. Welches Kind schafft fehlerfrei die gesamte Runde von 1 Uhr bis 12 Uhr?

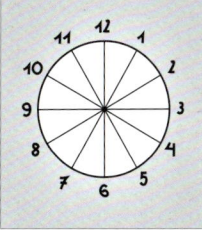

Spielvarianten
- Alle Kinder hüpfen nur auf dem rechten (linken) Bein.
- Das Springen der Uhrzeit wird erweitert bis 24 Uhr, das bedeutet, eine zweite Runde von 13 Uhr bis 24 Uhr wird beim Springen hinzugefügt.

Kooperative Gruppenspiele

Gemeinsam an einem Strang ziehen
(Erlebnispädagogik/Gruppenspiel)

.... Sozialverhalten durch motorische Aktivitäten beeinflussen

Ein ca. 3 bis 6 Meter langes Einzieh-Gummiband zusammenknüpfen. Abwechselnd mit einer oder mit beiden Händen sich am Band festhalten und gemeinsam verschiedene rhythmische Übungen durchführen: im Kreis gehen, Band hochheben/senken, sich auf den Boden legen, Formen ziehen, darüber steigen, mit den Füßen halten usw. Alle ziehen dabei im wahrsten Sinne „an einem Strang".

Spielvariante
Zwei oder mehrere Kinder halten sich am Gummiband fest und bewegen sich fantasievoll tänzerisch zur Musik.

Dialog ohne Worte
(Erlebnispädagogik/Gruppenspiel)

.... Sich in Szene setzen – Fantastisches Rollenspiel

Zwei Kinder sind gemeinsam die Hauptdarsteller. Eines der beiden begibt sich unter ein großes Tuch (aus Seidenfutterstoff genäht) und agiert, das andere reagiert darauf außerhalb des Tuches. Ein spontan improvisiertes Schauspiel, ein Stegreiftheater entsteht. (Da der Futterstoff sehr dünn ist, kann der Spieler, der sich unter dem Tuch befindet, den anderen zumindest noch schemenhaft wahrnehmen.) Nach der „Vorstellung" interpretieren die Zuschauer das Stück. Am Schluss erzählen die Schauspieler, was sie gemeint haben.

Spielvarianten
- In der Folge stellen zwei oder mehrere Kinder gemeinsam unter dem Tuch eine Szene dar und zwei bis drei Kinder setzen den stummen Dialog außerhalb des Tuches fort.
- Die Handlung und den Spielverlauf zuerst gemeinsam besprechen. Nach diesem Konzept führen die Schauspieler das kurze Stück auf.
- In die Aufführung einen markanten Gegenstand mit einbeziehen (Reifen, Sitzball, Stab, Sessel ...), der die Handlung prägt. Das Ding bewegt sich unter dem Stoff, das Geschehen gewinnt an Dynamik, fantasievolle Spielvarianten nehmen ihren Lauf.
- Ein oder mehrere Kinder sind Musiker, sie erzeugen unter dem Tuch Geräusche, Klänge und Musik (mit Gegenständen, mit Instrumenten, mit der Stimme, mit Körpergeräuschen), zu diesen improvisieren und tanzen die anderen Kinder um das Tuch herum.

Der heiße Tipp

Fantasievolle Rollenspiele in Form eines Stegreiftheaters ermöglichen eine Selbstdarstellung. Ein oder mehrere Kinder treten aus der Gruppe hervor, sie sind Darsteller, die übrigen Zuschauer. Es entwickelt sich Beziehung! Im gleichen Maße erfolgt emotionale und soziale Förderung. Es entsteht eine Wechselbeziehung ähnlich wie Geben und Nehmen. Beides ist eine wesentliche Erfahrung für das Leben, es ermöglicht einen Transfer.

Was verbirgt sich darunter?
(Erlebnispädagogik/Gruppenspiel)

.... Optische Wahrnehmungsförderung

Ein Kind verlässt für kurze Zeit den Raum. Die übrigen Kinder stellen sich um ein möglichst großes Tuch herum auf und halten es mit den Händen fest. Ein Kind begibt sich unter das Tuch und bildet ein Standbild, z.B. einen Zwerg, ein Tier, eine Künstlerstatue ... Die Kinder lassen das Tuch über die Statue fallen, durch Klatschen rufen sie das wartende Kind zu sich herein. Es darf das bedeckte Standbild betrachten und auch abtasten. Anschließend versucht es parallel dazu, genau die gleiche Körperhaltung einzunehmen, die das Kind unter dem Tuch vorgibt. Die Kinder ziehen das Tuch beiseite und vergleichen das Ergebnis.

Spielvariante
Der „Schauspieler" stellt unter dem Tuch nun eine Bewegung dar, z.B. Rad fahren, Schwimmen, Boxen ..., die das Kind vorerst betrachtet und danach selbst zeigt.

Gordischer Knoten
(Erlebnispädagogik/Gruppenspiel)

.... Körperliche Gelenkigkeit – Lösungsmodell finden

Alle Kinder stellen sich durcheinander auf und ergreifen mit jeder Hand die Hand eines jeweils anderen Kindes, sodass sich durch die verschlungenen Arme ein „Knoten" bildet. Durch geschicktes Agieren (durch Übersteigen oder Unterkriechen der Arme) soll dieser entwirrt werden. Die Hände dürfen währenddessen nicht losgelassen werden. Gelingt es der Gruppe am Ende, in einem großen Kreis zu stehen?

Spielvarianten
- Bei vielen Spielbeteiligten die Gruppe teilen und zwei Knoten bilden. Welcher davon ist schneller entwirrt?
- Jedes Kind hält mit einer Hand das Ende eines Gymnastikstabes (Band) fest, mit der zweiten freien Hand umfasst es das Ende eines anderen Stabes. Die Entwirrung erfolgt wie zuvor beschrieben.

Natur pur
(Erlebnispädagogik/Gruppenspiel)

.... Sinneswahrnehmung

- Die Kinder bilden eine „blinde Karawane" und marschieren ein Stück durch die Landschaft (Garten, Wald, Wiese). Dabei intensive Hör-, Tast-, Riecherlebnisse schaffen.
- Die Kinder gehen auf Entdeckungsreise und halten Ausschau nach Schätzen der Natur, die entweder von gleicher Beschaffenheit sind, z.B. zwei gleiche Zapfen, zwei gezackte Blätter, zwei Schneckenhäuser ... oder Kontraste bilden, z.B. ein kleiner und ein großer Stein, weiches Moos und hartes Holz usw. Die Objekte sammeln und ausstellen. Anschließend damit spielen oder basteln (kleines Weltspiel gestalten, Steine bemalen, Blätterdrucke, Blätterkette, Zapfenmännchen ...). Des Weiteren auch leckere Speisen daraus zubereiten (Beerenjoghurt, Kräuteraufstrich, Hollersaft, Löwenzahnhonig ...).
- Trimm-dich-Lauf durch Wald und Flur: Der Vorläufer gibt an, was zu machen ist: um Bäume herumlaufen, über einen Ast springen, in der Hocke herumgehen ...
- Herausfiltern, was fehl am Platz ist, z.B. eine leere Dose, Plastikflaschen, Plastiksäcke usw. Es kann aber auch eine Schere am Baum, ein Schuh hinter dem Strauch, ein Löffel im Gras usw. sein, die vor Spielbeginn versteckt wurden.
- Bäume begrüßen: Mit geschlossenen Augen Bäume umarmen, die Rinde fühlen, bewusst vergleichen und wiedererkennen.
- Aus gesammelten Naturmaterialien ein großes Mandalabild auf dem Waldboden gemeinsam gestalten.

Der heiße Tipp

Das Spielen in freier Natur entwickelt Empfindsamkeit und schärft die Aufmerksamkeit, was für jede Art von Naturerleben notwendig ist. Kinder lernen intuitiv Zusammenhänge in der Natur erkennen, sie werden sensibilisiert, stimuliert und angehalten, als Menschen mit Natur und Umwelt achtsam umzugehen.

Schoßsitzkreis
(Erlebnispädagogik/Gruppenspiel)

.... Sich aufeinander einlassen – Gleichgewicht halten – Körpernähe

Voraussetzung für das Gelingen der Aufgabe ist eine ganz enge Kreisaufstellung aller Kinder hintereinander. Auf Kommando setzen sich alle langsam gleichzeitig auf den Schoß des hinteren Kindes. Der gemeinsame Sitzkreis kann sich nun vorwärts oder rückwärts weiterbewegen, die Hände können dabei hochgehoben werden, auch ist es möglich, anderen zuzuwinken oder über dem Kopf mit den Händen zu klatschen.

Denkmal bauen
(Erlebnispädagogik/Gruppenspiel)

.... Schöpferisch tätig sein – Gruppendynamik spüren

Zu Beginn gleich große Gruppen mit ca. sechs Kindern bilden. Jede Gruppe soll ein fantasievolles „Denkmal" errichten. Die Spielleiterin/Der Spielleiter stellt ev. gewisse Anforderungen, z.B. es dürfen nur vier Füße auf dem Boden stehen, oder zwei Köpfe und vier Hände sollen den Boden berühren.

Weiterführende Idee
Die Gruppe bildet gemeinsam eine „Maschine". Jedes Kind ist ein beweglicher Teil dieser Maschine, welche auch unterschiedliche Arbeitsgeräusche von sich gibt.

Bremer Stadtmusikanten
(Erlebnispädagogik/Gruppenspiel)

.... Lustiges Rollenspiel

Jedem Spieler wird ein bestimmter Tiername (Hahn, Katze, Hund und Esel) zugeflüstert oder auf einem Zettel zugesteckt. Die „Tiere" haben nun die Aufgabe, sich nur durch entsprechende Laute (Krähen, Miauen, Bellen und „I-A"-Schreien) in die gemeinsame Formation der Bremer Stadtmusikanten zusammenzufinden und die zum Märchen passende Position (auf dem Esel sitzt der Hund, dann die Katze und obendrauf der Hahn) einzunehmen. Welche Gruppierung ist zuerst vollzählig und macht den besten Eindruck in ihrer märchenhaften Darstellung?

.... Kooperative Gruppenspiele ....

Blindenpolka
(Erlebnispädagogik/Gruppenspiel)

.... Tanzen belebt die Sinne – Geführt werden

Es wird paarweise zu einer beliebigen Musik mit Handhaltung getanzt, eines der beiden Kinder hat die Augen geschlossen. Nach jedem Musikstopp lassen die Sehenden ihre „blinden" Partner stehen und wechseln zu einem anderen Blinden, mit dem sie weitertanzen. Später erfolgt ein Rollentausch zwischen den Sehenden und den Blinden.

Die Welle
(Erlebnispädagogik/Gruppenspiel)

.... Euphorische Stimmung erleben – Gruppendynamik

Die Kinder sitzen im Kreis. Ein Kind steht auf und hebt die Arme gestreckt hoch. Bevor es die Arme wieder senkt und sich niedersetzt, steht bereits das daneben sitzende Kind auf, hebt ebenso seine gestreckten Arme hoch usw. Als akustisches Element fügen die Kinder während des Aufstehens ein langgezogenes „Aaaah" oder „Ooooh" hinzu. Durch das Auf und Ab der Hände und auch des Körpers entstehen wellenartige Bewegungsformen, die effektvoll und stimulierend zugleich auf die gesamte Gruppe einwirken. Es ist ein tolles Stimmungsbarometer!

Der heiße Tipp

Diese Spiele ohne Leistungsdruck stammen aus dem Bereich der Erlebnispädagogik, sie fördern vor allem die Kooperationsfähigkeit, beinhalten schöpferische Akzente und ermöglichen soziales Lernen innerhalb einer Gruppe. Es sind interaktive Übungen, wobei die Wechselbeziehung sowohl zwischen Kindern untereinander als auch zwischen Kind und Erwachsenen im Mittelpunkt steht. Gemeinsames Aufgabenlösen erfordert oft Kreativität, aber auch die Rücksichtnahme auf Schwächere darf nicht übersehen werden. Darüber hinaus liegt der Fokus in der Persönlichkeitsförderung und im Erleben der Natur.

Entspannungsspiele

- Spielimpulse mit gezielten Atemübungen •
- Gähnen oder Lachen •
- Übungen zur Mobilisierung •
- Massagespiele •
- Mentales Entspannen •

7. Kapitel

Wozu Entspannungsspiele?

Entspannungsspiele haben eine harmonisierende und stabilisierende Wirkung auf Körper, Geist und Seele. Besonders zielführend sind sie im Anschluss an aktive Bewegungsabläufe. Die Lockerungsübungen dienen der Stressreduktion und tragen generell zur Verbesserung der körperlichen sowie der psychischen Gesamtverfassung bei. In unserer hektischen Lebenswirklichkeit und dem Überangebot an Reizen ist die Entschleunigung, die Zeit für Ruhe und Stille eine wichtige Erfahrung, die neue Lebensqualitäten erschließt. Das Innehalten, um den Blick von außen nach innen zu richten, das Bei-sich-selbst-Sein gibt Kindern Kraft und Sicherheit bei ihrer Ich-Findung und Lebensorientierung.

Spielimpulse mit gezielten Atemübungen

Der Luftballon

Renate Steiner

(Spruch/Atemübung)

.... Sprechen und tief ausatmen – Gruppenerlebnis

Wir blasen auf den Luftballon, –
bis er zerplatzt!

Spielimpuls

Die Kinder stellen sich in einem möglichst kleinen Kreis auf. Während alle gemeinsam den Spruch sagen, gehen sie in kleinen Schritten zurück, der Kreis wird größer und größer. Bei „zerplatzt" klatschen alle Kinder gleichzeitig einmal in die Hände. Der Luftballon schrumpft zusammen, die Kinder gehen in kleinen Schritten zur Kreismitte und blasen dabei fest die Luft aus dem Mund aus. Den Luftballon erneut aufblasen.

Weiterführende Idee

Ein Kind der Gruppe bläst einen Luftballon auf. Unverknotet wirft es ihn hoch in die Luft und lässt ihn wegfliegen. Während des Fliegens sollen die Kinder selbst die Luft aus dem Mund ausblasen, bis der Ballon gelandet ist.

Hinweis

Durch gezielte Atemübungen und den Einsatz der Sprechmuskulatur lernen Kinder die Zusammenhänge ihres eigenen Sprechapparates besser kennen und damit umzugehen. Diese Atemübung ist ein äußerst beliebtes Spiel bei jüngeren Kindern.

Rauschende Bäume

(Atemübung)

.... Gleichmäßiges Ein- und Ausatmen – Körperwahrnehmung

Alle Kinder nehmen eine bequeme Körperhaltung im Stehen ein. Jedes Kind stellt einen Baum dar. Dabei strecken alle die Arme senkrecht in die Höhe, die Beine sind leicht gegrätscht. Es erfolgt ein sanftes Hin- und Herwiegen im Wind. Das Gewicht wird abwechselnd vom einen auf den anderen Fuß verlagert. Währenddessen atmen die Kinder im gleichbleibenden Rhythmus durch die Nase ein, beim Ausatmen sprechen alle ein langgezogenes „Sch", welches das Rauschen der Bäume nachahmt.

Hinweis
Diese Übung dehnt und entspannt zugleich die Muskulatur. Das Baumrauschen auch mit geschlossenen Augen wiederholen, es führt zu einem meditativen Erlebnis und beflügelt die Fantasie.

Die summenden Bienen
(Atemübung)

.... Atemtiefe vergrößern

Die Kinder nehmen eine bequeme Körperhaltung ein. Sie schließen die Augen und senken den Kopf leicht nach vorn. Durch die Nase erfolgt ein tiefes Einatmen. Alle stellen sich vor, dass eine Biene um ihre Nase herumschwirrt, die sie summend imitieren. Das möglichst lange Ausatmen erfolgt durch die Nase oder abwechselnd auch durch den Mund.

Der lange Vokal
(Vokal-Atmung)

.... Atemtiefe vergrößern – Sich konzentrieren

Zu Beginn verteilen sich alle im Raum. Die Kinder machen den Rücken gerade, stellen die ganzen Fußsohlen auf den Boden, schließen die Augen und lassen den Kopf etwas nach vorn sinken. Die Knie sind leicht gebeugt. Es erfolgt ein tiefes Einatmen durch die Nase, während des Ausatmens wird gemeinsam der Vokal a gesprochen. Die nächsten Wiederholungen erfolgen mit den weiteren Vokalen e, i, o und u, bis alle an der Reihe waren.

Spielvariante
Alle Kinder wählen eigenständig für sich alleine einen beliebigen Vokal aus und versuchen den Ton, der auch als Om bezeichnet wird, möglichst lang zu halten. Ein kurioser Sprechgesang ist zu hören, die Teilnehmer/Innen selbst bringt dieses Om-Ton-Singen oftmals in eine meditative Stimmung.

.... Spielimpulse mit gezielten Atemübungen ....

Wie spät ist es?
(Atemübung)

.... Atemtiefe vergrößern – Atemrhythmus beibehalten – Körper dehnen

Die Kinder stellen sich mit leicht gegrätschten Beinen im Raum verteilt auf. Die Spielleiterin/Der Spielleiter hat ein Xylophon vor sich stehen und fragt ein Kind: „Wie spät ist es?" Als Antwort nennt das Kind eine beliebige volle Stunde, z.B. sechs Uhr. Daraufhin spielt sie/er langsam im gleichbleibenden Rhythmus abwechselnd zwei unterschiedliche Töne. Das Kind zählt mit den Fingern die Stunden mit, zu jeder einzelnen sagt es die Worte „Bimm – bamm!" Alle übrigen Kinder ahmen körperlich das Glockenläuten nach, bei jedem „Bimm" Oberkörper aufrichten, Arme in die Höhe strecken und tief einatmen, bei „bamm" Kopf und Arme zwischen den Beinen durchschwingen lassen. Dabei tief ausatmen. Das zuletzt gefragte Kind darf als nächstes die neue Uhrzeit erfragen und selber das Glockengeläute am Xylophon akustisch wiedergeben.

Spielvariante

Die Kinder stehen mit nach oben gestreckten Armen im Raum. Sie schwingen mit dem Oberkörper seitlich hin (dabei einatmen) und her (ausatmen).

Der heiße Tipp

Bei Übungen zum Dehnen bewegt man sich langsam bis zur maximalen, aber immer noch schmerzfreien Dehnungsposition und verweilt für kurze Zeit in dieser Stellung. Den Atem dabei nicht anhalten, sondern langsam und ruhig weiteratmen. Dehnübungen folgen meist im Anschluss an sportliche Aktivitäten, die Muskulatur soll aufgewärmt sein! Sie wirken auflockernd, wenn die Muskulatur verspannt oder verkürzt ist, z.B. durch falsche Sitzhaltung oder einseitige Betätigung.

Luftbild mit Nase skizzieren
(Atemübung)

.... Entfernen der Restluft aus der Lunge – Nackendehnung

Mit geschlossenen Augen versuchen die Kinder mit einem möglichst lang anhaltenden Luftstrahl, der beim Ausatmen aus dem Mund strömt, ein Bild

(Baum, Mond, Haus, Wellen ...) in die Luft zu blasen. Mithilfe der kreisenden Kopfbewegungen können somit die fantastischsten Bilder im Kopf entstehen. Dazwischen immer wieder tief Luft holen.

Der heiße Tipp

Ruhige Atemübungen vergrößern die Atemtiefe, das Atmen wird langsamer und entspannter, was sich positiv auf das Nervensystem und den Gesundheitszustand auswirkt. Bei körperlicher Belastung sowie bei seelischem Stress wird der Atem flach und hastig. Durch tiefes Ausatmen aus der Lunge kann vermehrt sauerstoffreiche Luft nachfließen. Es hilft, Gedanken wieder klarer fassen zu können. Immer auf gute Belüftung der Räume achten.

Gähnen oder Lachen

Der müde Löwe
Renate Steiner
(Gedicht)

.... Entspanntes Gähnen

| Der müde Löwe | „Uahh!", so laut, | fast aus den |
| gähnt ganz laut: | dass es dich | Socken haut! |

Anleitung

Die Spielleiterin/Der Spielleiter spricht den Text und animiert die Kinder zu einem kraftvollen Gähnen. Dabei den Mund weit öffnen, tief Atem holen, durch den Mund ausatmen und lautstark einen Ton von sich geben (uahh!). Beliebig oft wiederholen.

Der heiße Tipp

Gähnen führt den Körperzellen, den Augen, dem Gehirn frischen Sauerstoff zu und lockert die Muskulatur von der Schädeldecke bis zu den Zehenspitzen.

.... Gähnen oder Lachen ....

Wer lacht am längsten?
(Entspannungsspiel)

.... Vokal-Lachen

Jeder, der mitmacht, darf auf den Vokalen – ha-ha-ha-ha, he-he-he-he, hi-hi-hi-hi, ho-ho-ho-ho, hu-hu-hu-hu – einmal richtig laut und herzhaft lachen. Die Reihenfolge sowie die Wiederholung der Vokale kann beliebig variiert werden. Es entsteht ein lustiges Lachkonzert.

Der heiße Tipp

Lachen hebt die Stimmung und entspannt die Gesichtsmuskulatur. Es aktiviert die rechte Hemisphäre (Gehirnhälfte), was besonders dem Bereich der emotionalen Intelligenz zugutekommt. Da beim schulischen Lernen vor allem die linke Gehirnhälfte, die „Logik-Hemisphäre", beansprucht wird, hat das Lachen eine ausgleichende Wirkung und ermöglicht eine Zusammenarbeit beider Gehirnhälften.

Armer Froschkönig
(Lustiges Gesellschaftsspiel)

.... Jemanden zum Lachen bringen – Sinn für Humor zeigen

Alle Kinder bilden einen Sesselkreis oder sitzen auf dem Boden. Eines spielt den Froschkönig und hüpft im Kreis herum, bis es vor einem beliebigen Kind anhält. Erbärmlich beginnt der Frosch zu quaken, schließlich möchte er erlöst werden. Gelingt es dem Frosch, das vor ihm sitzende Kind zum Lachen zu bringen, soll ihm das Kind andeutungsweise einen Kuss auf die Wange geben. Dadurch ist der Frosch erlöst, es folgt ein Rollentausch. Bringt er sein Gegenüber nicht zum Lachen, hüpft er zu einem anderen Kind weiter.

Lachen verboten!
(Lustiges Gesellschaftsspiel)

.... Grimassen schneiden – Gesichtsmuskulatur lockern

Das Spiel wird im Kreis sitzend oder stehend gespielt. Ein Kind erhält von der Spielleiterin/dem Spielleiter ein striktes „Lachverbot" auferlegt.

Es geht danach auf ein anderes Kind zu, das lustige Grimassen schneidet und so versucht, das erste Kind zum Lachen zu bringen. Dieses sagt, während es die Grimassen betrachtet, mit ernster Stimme: „Ich darf heute nicht lachen!" Dann geht es auf ein anderes zu, welches ebenso lustige Grimassen schneidet. Wie lange wirkt wohl das Lachverbot? Sobald es einem Kind gelingt, das andere zum Lachen zu bringen, wird ihm selbst das Lachverbot auferlegt. Das Spiel wird beliebig lange fortgesetzt.

Lachkanon
(Lustiges Gesellschaftsspiel)

.... Sich mitreißen lassen – Spaß erleben – Gesichtsmuskulatur lockern

Die Kinder sitzen im Kreis oder in Reihen und bilden vier Gruppen. Zuerst die Übungen alle einmal gemeinsam im gleichmäßigen Takt durchführen, danach als Kanon:

4 x mit den Handflächen auf die Oberschenkel patschen
4 x in die Hände klatschen
4 x einander zuwinken
4 x im Stehen laut lachend „Ha-ha-ha-ha!" rufen.

Hinweis
Der Lachkanon ist für Gruppen ein toller Stimmungsmacher. Das Tempo während des Spielens zunehmend steigern, ebenso auch die Lautstärke. Das macht so richtig Spaß!

Übungen zur Mobilisierung

Guten Morgen!
Renate Steiner
(Spruch/Muntermacher-Spiel)

.... Mit Bewegung den Tag beginnen – Fit sein

Wacht auf, ihr Finger
    (Arme, Schultern),
bewegt euch im Nu,
die Beine grätscht auf,
und gleich wieder zu.

Dann recken wir uns,
dann strecken wir uns,
ja, das ist fein!
Zuerst sind wir groß –
und dann ganz klein.

.... Übungen zur Mobilisierung ....

In der Früh
(Bewegungsgeschichte)

.... Aktiviert den Kreislauf – Verbessert die Gehirndurchblutung

Wenn ich in der Früh aufwache, gähne und strecke ich mich.	... gähnen und die Arme hochstrecken
Ich gehe ins Badezimmer,	... am Platz gehen
putze meine Zähne,	... Zähneputzen
wasche mein Gesicht	... Gesicht waschen
und bürste meine Haare.	... frisieren
Dann ziehe ich mich rasch an.	... anziehen
Zum Frühstück trinke ich Tee	... trinken
und esse eine Schnitte Brot.	... essen
Ich schaue auf die Uhr, es ist schon spät!	... auf die Uhr schauen
Ich mach mich auf den Weg und gehe flott die Straße entlang zum Kindergarten *(zur Schule)*.	... schnell gehen
Unterwegs treffe ich meine Freundin *(meinen Freund)* und winke ihr *(ihm)* freudestrahlend zu.	... einander zuwinken und lächeln
Gemeinsam laufen wir im Kindergarten *(in der Schule)* die Treppe hoch.	... Hand in Hand mit Freundin (Freund) laufen
Außer Atem kommen wir in der Klasse *(im Gruppenraum)* an. Zum Glück sind wir rechtzeitig da!	... kräftig atmen
Herzhaftes Kindergelächter ertönt im Raum.	... laut lachen
Alle Kinder freuen sich auf den neuen Tag, sie machen einen Luftsprung und rufen: „Hurra!"	... einmal hochspringen

Anleitung

Die Spielleiterin/Der Spielleiter liest die Geschichte vor, die Kinder imitieren die dazupassenden Bewegungen und bringen auch ihre Emotionen mittels eigener Körpersprache zum Ausdruck.

.... Übungen zur Mobilisierung ....

Überkreuz-Hüpfspiel
Renate Steiner
(Spruch/Brain-Gym-Übung)

.... Überkreuzkoordination – Beeinflusst positiv die Lernfähigkeit

Eins und zwei und drei und vier
und fünf und sechs und sieben und acht,
nun bin ich richtig aufgewacht.
Schau nur, wie ich hüpfen kann,
gleich fange ich von vorne an!

Anleitung

Die Kinder heben das rechte Knie und klatschen dabei mit der linken Hand nach rechts darauf, heben danach das linke Knie und klatschen mit der rechten Hand nach links darauf. Schwieriger wird die Übung, wenn man dabei hüpft, sich zugleich vorwärts bewegt, paarweise gegenüber oder in einer Schlange hintereinander springt.

Der heiße Tipp

Diese Brain-Gym-Übungen aus der Gruppe der Mittellinienbewegungen werden auch im Bereich der Edu-Kinestetik gezielt eingesetzt. Es gilt Stress zu unterbinden und so möglichst das ganze zur Verfügung stehende Lernpotential auszuschöpfen. Überkreuzspiele machen fit und verbessern die Integration beider Gehirnhälften. Dabei kontrolliert die rechte Gehirnhälfte die linke Körperseite sowie die Wahrnehmung des linken Auges und Ohres, die linke Gehirnhälfte steuert hingegen die rechte Körperhälfte.

Wer darf tanzen?
Renate Steiner
(Spruch/Bewegungsspiel)

.... Körperübung – Im Mittelpunkt stehen – Gleichgewicht halten

Ich tanze wie ein Kreisel,
ich dreh mich immerzu,
wer darf als Nächstes tanzen?
Ja, das bist du!

.... Übungen zur Mobilisierung ....

Anleitung

Die Kinder stehen oder sitzen im Kreis. Die Spielleiterin/Der Spielleiter eröffnet das Spiel und steht in der Kreismitte. Zum Spruch passend dreht sie/er sich wie ein Kreisel (ev. auf einem Bein) um die eigene Achse. Sie/Er hält an und zeigt mit dem Finger auf ein anderes Kind. Dieses darf nun in die Kreismitte gehen und das Spiel fortsetzen. Wer kann sich auch in die andere Richtung drehen?

Mit meiner Nasenspitze

Renate Steiner

(Gedicht/Entspannungsspiel)

.... Nackenbereich auflockern – Visualisieren von Bildern

Mit meiner Nasenspitze
mal ich die Sonne rund
und eine große Wolke,
der Regenbogen leuchtet bunt.

Am Himmel mal ich Möwen,
sie fliegen hin und her,
sie ziehen weite Kurven
und landen auch am Meer.

Nun mal ich viele Wellen,
im Wasser schwimmt ein Fisch,
am Strand, da liegen Muscheln,
die Luft, die riecht so frisch!

Anleitung

Die Kinder sitzen oder stehen bequem. Zu Beginn massieren sie mit der Hand sanft die eigene Nasenspitze, bis diese warm wird und zu kribbeln beginnt. Alle stellen sich vor, an ihrer Nase sei ein Zaubermalstift befestigt, mit dem man ein großes Bild in die Luft zeichnen kann. Die Spielleiterin/Der Spielleiter liest das Gedicht langsam vor, sogleich können die Malkünstler zum Text passend ein fantastisches Bild in der Luft skizzieren. Die Augen machen die Bewegungen mit (Augenrollen). Am Ende räkeln und strecken sich alle ausgiebig und schütteln auch ihre Körpergliedmaßen kräftig und genießerisch durch.

.... Übungen zur Mobilisierung ....

Der heiße Tipp

Das „Zeichnen" mit der Nase fördert das Visualisieren (das Denken mit Bildern), die Koordinationsfähigkeit sowie die Zusammenarbeit (Integration) beider Gehirnhälften. Die gezielten Augenübungen stärken darüber hinaus die Augenmuskulatur und führen durch die Durchblutung zu einer Verbesserung der Sehkraft. Die kreisenden Bewegungen mit dem Kopf führen zur Entspannung von Augen, Nacken und Hals. Den Atem gleichmäßig ruhig fließen lassen.

„Achterbahn"
(Spruch/Brain-Gym-Übung)

Renate Steiner

.... Verstärkte Augenmuskelkoordination – Integration beider Gehirnhälften

Ich fahre mit der Achterbahn
die erste Runde,
die zweite Runde,
die dritte Runde *(usw.)*,
und jetzt ist Schluss.

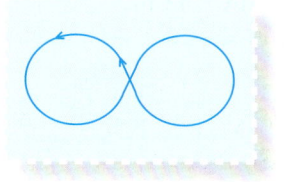

Anleitung

Die Spielleiterin/Der Spielleiter malt eine große liegende Acht („Achterbahn") auf Zeichenkarton (Tafel) auf und befestigt das Bild an der Wand (siehe Abb.) Mit der Hand zeigt sie/er die „Fahrtrichtung" an, dabei am Schnittpunkt beginnen. Zum Spruch passend die Bewegungen vorerst nur mit den Augen durchführen. Die Übung einige Male wiederholen.

Spielvarianten
- *Einmal das eine, dann das andere Auge mit der Hand abdecken.*
- *Der Kopf zeichnet die Wegstrecke nach, es entsteht dabei ein sanftes Nackenkreisen.*
- *Die „liegende Acht" abwechselnd mit dem rechten und dem linken Arm in die Luft zeichnen.*
- *Mit beiden Armen gleichzeitig, die Augen folgen dem Bewegungsablauf.*
- *Mit Kopf und Oberkörper koordiniert die Wegstrecke ganzkörperlich nachempfinden, dadurch erfolgt auch ein Rumpfkreisen.*
- *Diverse Übungsvarianten mit geschlossenen Augen durchführen.*

.... Übungen zur Mobilisierung ....

Der heiße Tipp

Die Übung „Achterbahn" fördert die Integration der beiden Gehirnhälften durch die Verknüpfung der Bewegungsimpulse an beiden Körperhälften. Sie zählt zu den Brain-Gym-Übungen (entwickelt für den Schulbereich von dem amerikanischen Pädagogen Dr. Paul Dennison) und helfen, Energieblockaden, die Gehirnfunktionen beeinträchtigen, aufzulösen. Durch die rhythmischen Bewegungsfolgen wirken sie entspannend und stressmindernd.

Body-Percussion
(Bewegungsimpulse)

.... Fördert die Durchblutung – Auflockerung der Muskulatur

Die Kinder stehen im Raum verteilt. Die Spielleiterin/Der Spielleiter beginnt das Spiel und erzeugt nacheinander Geräusche mit einzelnen Körperteilen, die alle Kinder nachahmen, z.B. Hände reiben, auf die Oberschenkel patschen, auf die Schultern klatschen, auf die Brust klopfen, am Platz laufen, hüpfen, stampfen usw. Die Intensität variiert dabei, bis die Geräusche nach einiger Zeit wieder verstummen.

Mach mit!
Renate Steiner
(Spruch/Rückenmuskulatur entspannen/stärken)

.... Mobilisierung der Wirbelsäule – Festigt Hals- und Rückenmuskulatur

Eins, zwei,		... gebeugte Arme 2 x zurückführen
mach mit dabei!		... gestreckte Arme 2 x seitlich zurückführen, Daumen zeigen Richtung Himmel
Drei, vier,		... gestreckte Arme 2 x gegengleich nach oben und unten zurückführen
nun auch hier!		... gestreckte Arme 2 x gegengleich nach oben und unten zurückführen
Arme hoch,		... gestreckte Arme 2 x nach oben zurückfedern, Daumen zeigt nach hinten
dann schlänkerlie,		... Arme hängen lassen, 2 x nach hinten zurückführen
Rückenschmerzen hast du nie!		... langsam nach vorne abrollen und Oberkörper aushängen lassen

Anleitung

Zum Text passend die Bewegungen ausführen. Je mehr Wiederholungen man täglich durchführt, desto wirksamer sind die Übungen.

Der heiße Tipp

Diese gezielten Bewegungsübungen wirken präventiv auf den Bereich der Wirbelsäule und sind als Rückengymnastik bestens zu empfehlen. Sie dienen des Weiteren der Mobilisierung im Nacken-, Schulter- und Rumpfbereich. Nach längerem Sitzen, in der Schule oder auch daheim immer wieder aufstehen und sich ganz groß machen, dies bewirkt eine Streckung der Wirbelsäule. Es kommt zu einer Entlastung der Bandscheiben, was Kreuzschmerzen vorbeugt.

Massagespiele

Do-it-yourself
Renate Steiner

(Spruch/Eigenmassage)

.... Lockerung der Muskulatur – Körperpartien wahrnehmen

Ich massiere meine Stirne,
ich massiere mein Gesicht,
ich massiere meinen Nacken,
genieße es voll Zuversicht!

Ich massiere meine Ohren,
ich massiere mein Gesicht,
ich massiere meine Schultern,
genieße es voll Zuversicht!

Ich massiere meine Kopfhaut,
ich massiere mein Gesicht,
ich massiere meine Schläfen,
genieße es voll Zuversicht!

Ich massiere meine Hände,
spreiz die Finger auf und zu,
und ich schließe meine Augen,
entspannt genieße ich die Ruh!

Anleitung

Die Spielleiterin/Der Spielleiter liest den Text langsam vor, die Kinder sitzen oder liegen möglichst entspannt und führen die Eigenmassage an den genannten Körperteilen durch. Über die Haut kann man dabei die unterschiedlichsten Reize und Empfindungen wahrnehmen. Dabei werden auch

Akupunkturpunkte wie z.B. im Ohr stimuliert, die in direkter Verbindung mit verschiedenen Funktionen des Gehirns und Körpers stehen. Am Ende die Augen einige Zeit geschlossen lassen, sich der Ruhe hingeben, um eine Nachwirkung zu ermöglichen.

Weiterführende Idee

Etliche aufgeblasene Luftballons in einen Bettzeugüberzug füllen und diesen verschließen. Für die Relaxmatte einen ruhigen Platz auswählen, wo sich die Kinder gut entspannen können!

„Apfelstrudel-Massage"
(Partner-Massagespiel)

.... Lockerung der Muskulatur im Rückenbereich

Die Kinder gehen paarweise zusammen. Die Spielleiterin/Der Spielleiter beschreibt die Zubereitung eines Apfelstrudels. Die Kinder führen die jeweiligen Tätigkeiten auf dem Rücken ihres Partners durch:

- Aus den Zutaten einen Teig zubereiten und Teig gut kneten.   *... Rückenmuskulatur mit Fingern kneten*
- Nun die Äpfel schneiden.   *... mit den Handkanten leicht aufklopfen*
- Den Teig glätten und ausziehen.   *... Finger streichen entlang des Rückens*
- Die geschnittenen Äpfel darauf verteilen, Zucker, Zimt und Brösel hinzugeben.   *... an mehreren Stellen mit den Fingerspitzen auf den Rücken tippen*
- Den Teig zu einem Strudel einrollen.   *... seitwärts über den Rücken streichen*

Der heiße Tipp

Spielerisch sollen Kinder erste Körpererfahrungen im Bereich der Massage erleben. Massagen helfen, blockierte Lebensenergien wieder fließen zu lassen. Sie fördern die Durchblutung, wirken entspannend und aktivieren das zentrale Nervensystem. Es entsteht ein Wohlbefinden für Körper, Geist und Seele.

.... Massagespiele ....

„Ball-Massage"
Renate Steiner
(Spruch/Partnermassage-Spiel)

.... Lockerung der Muskulatur – Einfache Ganzkörpermassage

Der Ball geht auf die Reise,
am Rücken rollt er hin und her,
dann tanzt er auch im Kreise,
das gefällt ihm sehr!

Der Ball geht auf die Reise,
am Bein *(Arm, Nacken, Schulter, Po, Oberschenkel, Fußsohle)*
rollt er hin und her ...

Ein Kind legt sich bäuchlings auf eine Decke (Matte) und schließt die Augen. Ein Spielpartner, der „Masseur", spricht langsam den Spruch. Dazupassend führt er mit einem Tennis- oder Igelball die Bewegungen auf dem Rücken des liegenden Kindes durch. Den Spruch beliebig oft wiederholen, dabei andere Körperstellen massieren. Am Ende den Ball zur Seite legen und zur Verabschiedung mit den Händen sanft über den Rücken streichen. Mit den Worten „Auf Wiedersehen!" ist die Massage beendet, die Rollen werden getauscht. Angenehm ist eine leise Entspannungsmusik-CD als unterstützende Begleitung der Massage.

Der heiße Tipp

Der Ball dient hierbei als Handgerät zur Massage und ist für Kinder, die Berührungsängste haben, als Alternative bestens zu empfehlen. Werden dabei größere Körperpartien (Bein) massiert, so beginnt man immer an einem herzfernen Punkt (Hand, Fuß) und massiert zum Herzen hin.

„Regen-Massage"
Renate Steiner
(Spruch/Partnermassage-Spiel)

.... Lockerung der Muskulatur im Rückenbereich

Was hör ich auf den Rücken klopfen,
viele, viele Wassertropfen,
horch nur, wie das klingt,
wie der Regen singt:

„Große Tropfen, kleine Tropfen
hurtig auf den Rücken tropfen!
Jetzt ist er patschnass!"

Anleitung

Zum Spruch passend führen die Kinder die Klopf-Massage durch und tupfen abwechselnd mit den Fingern auf den Rücken eines anderen Kindes. Bei „patsch-" einmal in die Hände klatschen, bei „-nass" beide Handflächen gleichzeitig auf den Rücken legen. Als Abschluss einmal sanft mit den Händen über den Rücken streichen. Bei der Wiederholung des Spruches einen Rollentausch durchführen.

Mentales Entspannen

Gönn dir eine Verschnaufpause!
(Körperreise/Atemübung)

.... Tiefenatmung bewusst erleben – Meditatives Entspannen

Die Kinder legen sich auf eine Decke (Matte) und schließen die Augen. Die Spielleiterin/Der Spielleiter spricht langsam den Text:

„Richte den Körper gerade, – die Arme liegen seitlich neben dem Körper, die Handflächen zeigen nach oben, – die Beine sind ausgestreckt und schwer. – Atme tief aus dem Mund aus, – ganz tief und ziehe den Bauch dabei ein. – Die Luft strömt aus deiner Lunge heraus. – Nun atme tief durch die Nase ein, – weite deinen Bauch nach vorne aus, – er wird groß wie ein Luftballon. – Lege deine Hände auf den Bauch und atme wieder tief durch den Mund aus. – Du spürst, wie der Bauch dünner und dünner wird. – Atme wieder tief durch die Nase ein, – der Bauch wird groß und dick. – Atme ruhig weiter und folge deinem eigenen Atemrhythmus. –

Nach dieser Verschnaufpause öffne deine Augen, – räkle und strecke dich, – steh langsam auf und freu dich auf den Tag!"

Der heiße Tipp

Mentale Entspannungsübungen sind primär für die geistige Erholung zu empfehlen. Sie wirken stressmindernd und helfen, das innere Gleichgewicht zu finden. Komplizierte Gedankenprozesse des Gehirns sollen zur Ruhe kommen, der Blick wird deshalb auf einen einfachen Vorgang oder eine bestimmte Vorstellung gerichtet.

Zeit haben

Renate Steiner

(Meditationstext/Fantasiereise)

.... Autogenes Training – Sich angenehme Dinge vorstellen

Die Kinder nehmen eine bequeme Körperhaltung im Stehen, Sitzen oder Liegen ein. Die Spielleiterin/Der Spielleiter liest mit ruhiger Stimme den Meditationstext vor:

> „Stell dir vor,
> wie die Sonne deine Nase kitzelt, –
> der Wind sanft dein Haar streichelt. –
> Versuche, die Wärme deines Atems zu spüren, –
> lege die Hände auf deinen Bauch, –
> folge der Atembewegung, –
> belausche dich selber! –
> Gönn dir diese Zeit, –
> um in die Stille zu lauschen, –
> um Zeit zu haben –
> für ein Lächeln, –
> das ich dir dann schenken möchte! –
> Jetzt fühlst du dich gut! –
>
> ... Nun öffne deine Augen, atme kräftig durch, mach dich ganz groß und lächle einem anderen Kind freudestrahlend zu!"

Weiterführende Idee

Im Anschluss daran ein Stimmungsbild malen. Dabei Gefühle mit Farben darstellen, begleitet durch leise meditative Musik im Hintergrund.

Der heiße Tipp

Durch das fantastische Vorstellungsvermögen genießen die Kinder diese angenehmen Sinneseindrücke, die erst aus der Ruhe heraus wahrgenommen werden können. Positive Aussagen (Affirmationen) stärken das Gefühlsleben und die Gedanken. Der innere Blick richtet sich auch auf die eigene Atmung und führt zu einer tiefen Selbstentspannung, aus der man neue Kraft und Energie für das Leben gewinnt.

Auf einer Wolke
(Fantasiereise/Farbtherapie)

.... Ruhe- und Stilleerfahrung – Positive Stimmungsbilder

Die Spielleiterin/Der Spielleiter spricht mit ruhiger Stimme zu den Kindern:

Leg dich ganz bequem hin und schließe die Augen. – Stell dir vor, du schwebst auf einer Wolke. – Der Himmel über dir ist tiefblau, – du spürst die Sonne im Gesicht, – es ist angenehm warm. – Du lässt dich treiben, – treiben wie ein Blatt im Wind. – „Wohin führt die Reise?", fragst du dich. – „Ins Land deiner Träume", flüstert der Wind dir leise ins Ohr. – Es macht dir unendlichen Spaß, durch die Lüfte zu gleiten, – der Wind streichelt sanft dein Gesicht. – Nach einer Weile siehst du über dir einen wunderbaren Regenbogen. – Er leuchtet im hellen Licht, – seine Farben glitzern und funkeln in der Sonne. – Du hast viel Zeit, dir diese Farben ganz in Ruhe anzusehen. – Du tauchst in das leuchtende Rot des Regenbogens ein, – es macht dich stark und mutig. – Jetzt umhüllt dich ein warmes Orange. – Es ist die Farbe des Feuers. – Es schenkt dir Vertrauen und verleiht dir Zuversicht. – Die Reise führt dich weiter durch das Gelb des Regenbogens. – Es ist die Farbe der Sonne, – sie gibt dir gute Gedanken. – Alles wird hell und klar um dich herum. – Nun durchdringst du mit deinem Körper die Farbe Grün. – Es ist die Farbe, die deiner Gesundheit guttut. – Grün wirkt entspannend, – du fühlst dich wohl, wenn du barfuß über eine grüne Wiese läufst. – Nun tauchst du in das Blau des Regenbogens ein. – Blau ist die Farbe des Himmels, – der sich über dir wie ein unendlich großes Zelt spannt. – Du liegst geborgen darunter und findest wieder zur Ruhe. – Jetzt siehst du die letzte Farbe des Regenbogens, Violett. – Es macht dich innen und außen ganz neu – du bekommst frischen Mut. – „Auf deiner Reise konntest du nun die wunderbarsten Farben ganz aus der Nähe betrachten", wispert der Wind dir zu. – „Es sind die Farben des Lebens, – die dich tagtäglich begleiten!" – Wenn du nun wieder auf die Erde zurückmöchtest, öffne deine Augen, – recke und strecke dich, – atme tief durch – und lass die fantastische Farbenwelt auf dich einwirken! –

Der heiße Tipp

Fantasiereisen haben eine assoziative Wirkung und beinhalten oft Komponenten mehrerer Entspannungsmethoden. Sie wirken stabilisierend auf Körper und Geist. Durch das schöpferische Element der fantasievollen Erzählung wird die rechte Hemisphäre (Gehirnhälfte) inspiriert. Farben nehmen somit Einfluss auf Körper und Psyche des Menschen und erzeugen eine positive Stimmung.

.... *Mentales Entspannen* ....

Das Labyrinth
(Gestaltungsidee/Stilleübung)

.... Ruhe als etwas Wohltuendes und Heilsames empfinden

Material

2 Äste, 4 Steine, lange dicke Schnur (Seil),
Schere, Papier, Filzstift, Blume (Kerze)

Anleitung

So wird auf einfache Weise ein
„Kretisches Labyrinth" auf dem
Boden gestaltet:

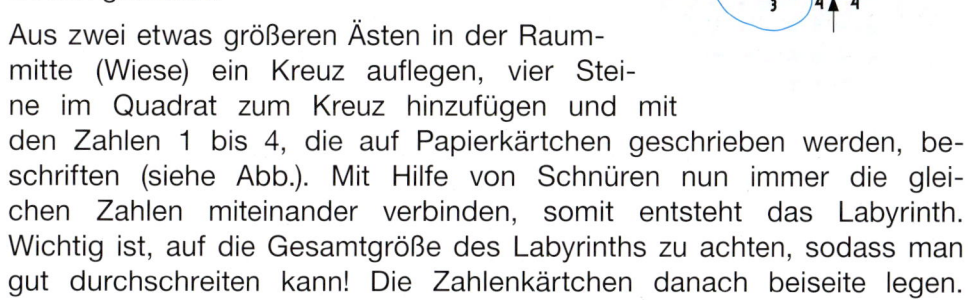

Aus zwei etwas größeren Ästen in der Raummitte (Wiese) ein Kreuz auflegen, vier Steine im Quadrat zum Kreuz hinzufügen und mit den Zahlen 1 bis 4, die auf Papierkärtchen geschrieben werden, beschriften (siehe Abb.). Mit Hilfe von Schnüren nun immer die gleichen Zahlen miteinander verbinden, somit entsteht das Labyrinth. Wichtig ist, auf die Gesamtgröße des Labyrinths zu achten, sodass man gut durchschreiten kann! Die Zahlenkärtchen danach beiseite legen.

Spielimpuls

Die Kinder machen sich auf den Weg:
Jedes schreitet mit einer Blume (Kerze) in der Hand von außen nach innen und schmückt damit das Kreuz in der Mitte, bevor es den Weg wieder zurückgeht. Meditative Musik begleitet ein langsames und besinnliches Gehen. Eine anschließende Gesprächsrunde ermöglicht ein gegenseitiges Austauschen der Erlebnisse und Gefühle, die während des Gehens entstanden sind, um daraus weitere persönliche Erkenntnisse zu gewinnen.

Der heiße Tipp

Es ist ein scheinbar verschlungener und oft gewundener Weg, der hin zur Mitte führt. Das Labyrinth symbolisiert den Lebensweg, es kommt darauf an, vorwärts zu gehen und nicht vom Weg abzuweichen, auch wenn dies nicht immer leicht ist! Diese Erfahrung bildet die Basis für die Selbstbetrachtung des eigenen Lebens und stärkt das Bewusstsein: „Der Weg ist das Ziel!"

Autorenporträt

Renate Steiner

Geboren am 20.02.1957 in Wien / Ausbildung zur Kindergarten-Pädagogin und Horterzieherin, ab 1975 Kindergartenleiterin des CARITAS-Kindergartens Wien/Embelgasse / seit 1978 Leiterin des Gemeindekindergartens Irrsdorf, Straßwalchen bei Salzburg / seit 1987 Kinderbuchautorin – Texte – Kompositionen, Referentin für pädagogische Fortbildungsseminare.

Franz Steiner

Geboren am 12.12.1953 in Altenmarkt im Pg., Salzburg / Ausbildung zum Flugtechniker, Ingenieur für Kunststofftechnik, PC-Grafiker und Desktop-Publisher / seit 1996 als freier Schriftsteller tätig, selbstständig im DTP-Bereich (Layout, Satz- und Grafikarbeiten, Fotografie) / Durchführung von Schreibwerkstätten an Grundschulen (Lese- und Schreibförderung) / seit 1987 Kinderbuchautor – Texte – Kompositionen, Referent für pädagogische Fortbildungsseminare.

Die Steiners – ein kreatives Autorenehepaar!

Die Eheleute Steiner sind nicht nur in Österreich als erstklassige Kinderbuchautoren bekannt, sondern genießen einen hervorragenden Ruf auch im gesamten deutschsprachigen Raum. Ihre Bücher und Tonträger gelten als pfiffige, zeitgerechte Arbeitshilfen zur Vermittlung elementarer Grundwerte in der Frühförderung von Kindern. Sie schreiben aber auch Texte und Lieder für Erwachsene. Wer auf eine sensible Reise durch das Land schöpferischer, innerer Bilder gehen will, sollte sich ihre künstlerischen Autorenabende (Lieder, Lyrik und Balladen) nicht entgehen lassen. Die beiden verbinden Literatur und Musik auf außergewöhnliche Weise. Renate und Franz Steiner leben in Henndorf am Wallersee bei Salzburg. Sie haben einen erwachsenen Sohn und sind seit 1978 glücklich verheiratet.